図1-3

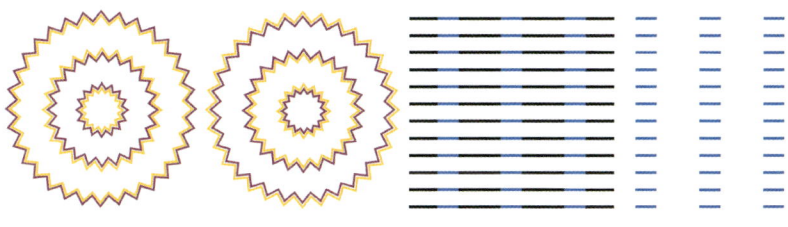

図1-4

マッカロー効果

30分で学ぶ
心理学の基礎

今在　慶一朗 編著

北樹出版

──── ◆◇◆ **執筆者紹介**（執筆順）◆◇◆ ────

佐々木　宏之　（新潟中央短期大学講師）第1・8章
今在　慶一朗　（北海道教育大学教育学部函館校准教授）編者、第2・3・13章
今在　景子　（名古屋大学大学院法学研究科特任講師）第4・12章
宮﨑　章夫　（茨城大学人文学部准教授）第5章
滝浦　孝之　（元広島修道大学人文学部助教授）第6・10・14章
荒木　剛　（東北大学加齢医学研究所附属スマートエイジング国際共同研究センター助教）第7・9章
内山　博之　（宇都宮少年鑑別所　一統括専門官）第11章

はじめに

　本書ははじめて心理学を学ぶ人を対象にした入門書です。題名のとおり、ひとつのテーマを30分程度で読みきれるようにしたつもりです。読者としては、授業で教養の心理学を学ぶ大学1年生、心理の仕事についているわけではない一般の社会人、そして高校生など今まで心理学を学んだことがない人を想定しています。

　オープンキャンパスや面接試験をしていると、心理学を学びたいと話す高校生は大変多く、また講演会などで市民の方とお会いすると、たくさんの方が心理学に対して関心をお持ちであると感じます。心理学を教えることを生業とする者にとって、みなさんの関心が心理学に集まることはとてもうれしいことですが、同時にお話をうかがうにつれて、少し複雑な気持ちになってきます。

　みなさんは「心理学」と聞くとどのようなことを思い浮かべるでしょうか。血液型をたずねて未来や前世を占う「心理テスト」でしょうか。それとも精神病を治す「カウンセリング」でしょうか。こうしたイメージがまったく外れているというわけではないのですが、少なくとも科学的に研究を行っている心理学者からすれば、そうしたイメージは不正確なものといえます。確かに人の性格をみるための心理テストはありますが、血液型を手がかりにすることはありませんし、結論として未来や前世をあてるようなことはしません。また、不快な気分や不適切なクセのようなものに対処しようとする心理療法はありますが、病的な幻覚や妄想を対話で完治できるとは考えられません。

　また、心理学というと相談を通じた人助けを思い浮かべる方が多いようですが、心理学の研究対象は非常に広範囲に及び、そのうち「カウンセリング」はほんのごく一部分にすぎません。非常に大雑把にいうと、心理学は人間という動物を研究する学問であるといえばよいでしょうか。動物や昆虫の生きている様子を解説するテレビ番組がありますが、心理学は同様のことを人間について行っているといえばわかりやすいかもしれません。ものを感じ、覚え、考え、

行動し、成長し、仲間や敵と接触するといったことはすべて心理学の研究対象です。

　何をもって心理学というのか、それはとても難しい問ですが、本書は初学者に「ああ、心理学では大体こんなことが研究されているんだな」と感じてもらえるような、また、読んだ後でさらに詳しく心理学を学びたくなってもらえるような入門書であることを目指して作成されました。

　本書では、心理学の全体像がつかめるようにさまざまな領域の心理学について紹介してあります。心理学は大雑把にいって、主に頭の中の活動を研究する認知の研究、成長や衰えを研究する発達の研究、他者とのやりとりを研究する社会行動の研究に分けられますが、本書では認知に関する章、発達に関する章、行動に関する章の順に各章が並んでいます。また、各章では1節目と2節目に基礎的な内容、3節目に応用的な内容が書かれてあります。

　本書は主に授業のテキストとして使用することを想定していますが、同時に心理学に興味をもった初学者が独学で勉強できるように、章末に体験学習の実施方法・解説「やってみよう」とまとめの穴埋め問題「ふりかえり」を掲載してあります。心理学は実証性、すなわち、本当かどうかを実際に確かめることを大切にする学問ですから、是非「やってみよう」に挑戦してみてください。さらに、参考文献の原著の中には難解なものや入手困難なものもあるので、そうしたものについては、内容を読みやすく解説してある本を自習のための「手引き」として紹介しておきました。本書を読んで心理学を詳しく勉強したいと思った方はご活用ください。

■■『30分で学ぶ心理学の基礎』■■

目　　次

はじめに ・・・・・・・・・・・・・・・・3

第1章　知覚：ものの見え方、感じ方 ・・・・・・・・・・・・10
　情報処理（10）
　視覚（11）
　顔の認知（13）
　やってみよう：マッカロー効果（15）

第2章　思考：あたまを使うということ ・・・・・・・・・・・17
　問題解決（17）
　推論（19）
　意思決定（22）
　やってみよう：偶然の認知（25）

第3章　学習：行動を身につける ・・・・・・・・・・・27
　初期学習（27）
　条件づけ（29）
　行動療法（32）
　やってみよう：自律訓練法（35）

第4章　記憶：コピーではない情報の蓄積 ・・・・・・・・・37
　記憶の種類（37）
　記憶のプロセス（39）
　記憶の変容と目撃証言（40）
　やってみよう：目撃者になってみる（43）

第5章　感情・動機づけ：喜怒哀楽が生まれる仕組み ・・・・45
　感情の諸相（45）
　認知的評価（47）
　コントロール欲求（49）

やってみよう：非現実的な楽観性（52）

第6章　知能：誤解されてきたこの言葉・・・・・・・・・・54
　　知能の分類（54）
　　知能の規定因（56）
　　知能指数（59）
　　やってみよう：クラスの平均IQ（63）

第7章　性格："その人らしさ"を理解する・・・・・・・・・・64
　　類型論と特性論（64）
　　性格の発達（66）
　　性格を測る（68）
　　やってみよう：自己認知と他者認知の違い（71）

第8章　幼児：人間らしくなる・・・・・・・・・・・・・・・73
　　認知・感情・行動の発達（73）
　　愛着（74）
　　発達障害（76）
　　やってみよう：誤信念課題（79）

第9章　青年："子ども"から"大人"へ・・・・・・・・・・・80
　　アイデンティティの発達（80）
　　青年期の友人関係（83）
　　職業選択（86）
　　やってみよう：過去を通して未来を構想する（88）

第10章　高齢者：シニア世代の気持ち・・・・・・・・・・・90
　　老化への適応（90）
　　孤独感と死の問題（92）
　　老年期のセクシュアリティ（94）
　　やってみよう：高齢者難聴の疑似体験（97）

第11章　自己：自分を見つめる・・・・・・・・・・・・・・99
　　自己概念（99）
　　自尊感情（101）

来談者中心療法（103）
　　やってみよう：20答法（106）

第12章　コミュニケーション：ひととかかわる ・・・・・・108
　　ノンバーバルコミュニケーション（108）
　　説得的コミュニケーション（111）
　　インターネットでのコミュニケーション（114）
　　やってみよう：ノンバーバルコミュニケーション体験（117）

第13章　集団：人々のまとまりと争い ・・・・・・・・118
　　集団内の個人（118）
　　集団間の関係（120）
　　組織（122）
　　やってみよう：集団への同一化（125）

第14章　研究法：行動から心を探る ・・・・・・・126
　　科学的方法とは（126）
　　数量化（128）
　　実験法と調査法（130）
　　やってみよう：身のまわりの操作的定義探し（133）

あとがき ・・・・・・・・・・・・・・・・・135
索引 ・・・・・・・・・・・・・・・・・・・136

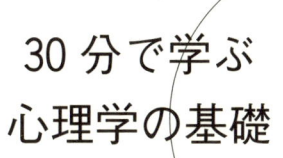

30分で学ぶ
心理学の基礎

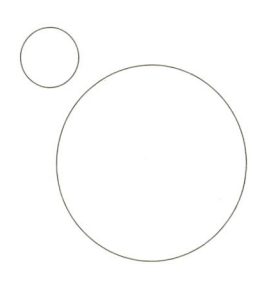

Chapter 1

知　　覚
―ものの見え方、感じ方―

★ 情 報 処 理

　人間が何かを感じたり、憶えたり、考えたりする働きのことを認知という。心理学による認知へのアプローチは1950年代の半ば頃から始まり、コンピュータ科学、言語学、大脳生理学などと結びついて**認知科学**という学際的な学問領域を形成している[1]。また、認知のはたらきはコンピュータの情報処理になぞらえられるため、認知心理学は情報処理心理学ともよばれている。

　この章では視覚の情報処理に的を絞って認知のはたらきの説明をする。ヒトは視覚の動物とよばれるほど外界の認識を視覚に頼っていて、大脳皮質の半分以上が視覚の情報処理のためにはたらいている。計算や記憶の能力は人間よりもコンピュータの方がはるかに優れているが、視覚についてみるとコンピュータの性能は人間の足元にも及ばない。物を見るという、一見すると単純で努力を必要としない行為が、実はコンピュータで実現するのが難しいくらい大変複雑な情報処理から成り立っているのである。

　視覚が優れているのは、視界に納まる広い空間を認識し、その中にある事物の特徴を瞬時にとらえることができる点にある。こうしたはたらきを可能にしている視覚情報処理の特長のひとつが**並列的処理**である。コンピュータが1個のCPU（中央処理装置）でいくつもの情報処理を順次行っているのに対し、脳はまるでCPUをたくさんもっているかのように、異なる情報処理を分担して同時並列的に行う。目に見える物体は色、形、動き、奥行きなどの特徴をあわせもっているが、人間はこれらの特徴を一度に並行して処理するのである。次に

それぞれの視覚特徴の情報処理特性をみていこう。

★ 視　　覚

目に光が射しこむと、光は**水晶体**というレンズを通過する。白い紙に虫眼鏡を近づけたり離したりすると、あるところで景色がひっくり返って紙に映るのを見たことがあるだろうか。虫眼鏡と同じ要領で、水晶体を通過した光は目の奥にある**網膜**というスクリーンに映し出される。網膜の中央部に密集する視細胞（**錐体**）は明るいところではたらき、色に対して感受性をもつが、周辺部の視細胞（**桿体**）は暗いところではたらき、明暗に対して感受性をもつ。この視細胞に光があたったという情報は神経を通って脳に伝えられる。視細胞は光を点でしかとらえていないため、この情報をそのまま受け取るだけでは、物の形や動き、奥行きなどを感じることはできないはずである。脳がこの後、両眼の情報を統合し、形、動き、奥行きなどに関する情報処理を行うことによって、はじめて実際の見えが生じるのである。

　形：図1－1は、点の並びの局所的な性質から全体的な模様が浮かび上がることを示している[2]。星空の中の星座のように、無秩序に並んだものを見たときでさえ、そこになんらかのまとまりや形を知覚する。このように、乱雑にちりばめられた膨大な情報から、意味のある情報を瞬時に抜き取るには、不完全で不安定なものの中に完結して安定した状態を見いだす能力が重要となる。

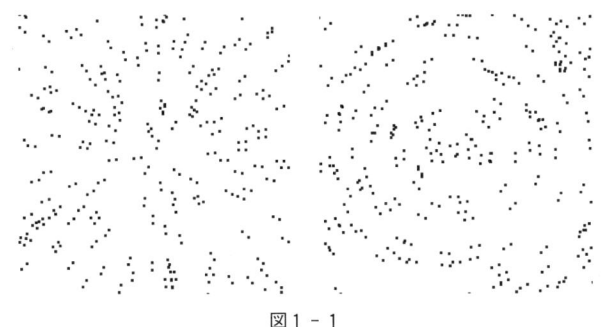

図1－1

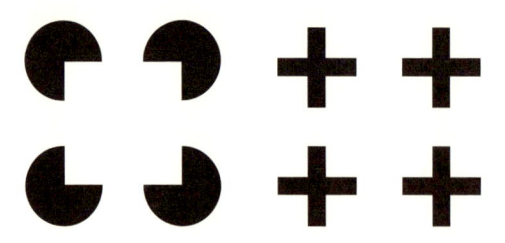

図1-2

そうした能力によって、図1-2の左の図形では一部が欠けて不完全な円形と見るのではなく、四つの完全な円形の上に四角い遮蔽物が重なっているように見るのである。しかもこのとき、四角い遮蔽物の一部には実際には描かれていない輪郭（**主観的輪郭**）を知覚する。しかし図1-2の右の図形のように、一部が欠けた円形のかわりに、それ自体で完結した形となる十字形を並べると、四角い遮蔽物にあたる部分は左の図形とまったく同じであるにもかかわらず主観的輪郭は知覚されない[3]。

　色：青っぽい緑や赤の混ざった黄色は想像できても、青っぽい黄色や赤の混ざった緑は想像しづらいだろう。これは赤と緑、青と黄がそれぞれ拮抗する関係にあるからである。この拮抗関係は**補色残像**とよばれる現象を生じさせる。赤いものをしばらく凝視した後に白い壁を見ると緑の残像が、青いものを凝視した後には黄色い残像が壁に映る（口絵の図1-3を数十秒凝視した後白い壁を見てほしい）。また、色の知覚は形の情報処理との相互作用が生じやすい。図1-4（口絵）を見ると色が塗られていない部分にもその色がにじみ出して、形に依存した色の広がりが見えるだろう[4,5]。

　奥行き：身のまわりの3次元空間を眺めているとき、目の網膜に映るその光景は2次元像になっている。しかし私たちが見て感じているのは奥行き感のともなう3次元空間であって、壁に描かれた絵柄のようにのっぺりした2次元平面ではない。こうした奥行き感をもたらすのが次に挙げる奥行き手がかりである。二つの同じ物体が異なる大きさで見えれば小さい物が遠くにあるように見える（**大きさ**）。一部が隠れて見えるものは、遠くにあるように見える（**重なり**）。かすんで見えるものは遠くにあるように見える（**大気遠近法**）。陰のつきかたによって凸凹を感じる（**陰影**）。速く動くものは近く、遅く動くものは遠くにあるように見える（**運動視差**）。右目と左目から見える景色のずれによって奥行きを感じる（**両眼視差**）。これらの手がかり情報をまとめ上げて、人間

は鮮やかな奥行き感を得ているのである。

　動き：踏み切りの信号のように、二つの点が交互に現れたり消えたりすると、われわれは2点が互い違いに点滅すると見るのではなく、1個の点が行ったり来たりする動きを知覚する（**仮現運動**）。このように動きの知覚は、網膜上の物体の位置が変化したときに生じるのだが、目を動かしたり体を移動させたりして網膜上の位置の変化を生み出したときは動きを知覚することはない。逆に位置の変化をともなわないのに動きを感じることがある。滝の流れのような動きをしばらく凝視した後に静止したものを見ると、凝視した動きと反対方向の運動印象が生じるのである（**運動残効**）[6]。

★ 顔 の 認 知

　視覚認知でもっとも高度な情報処理は顔の認識メカニズムにみられる。私たちは顔のパターンに対する感度が高く、三つの〇が両目と口の配置に描かれているだけで顔らしさを強く感じてしまう。生後間もない赤ちゃんでさえ、顔パターンへの感度の高さを示すのである（8章）。しかし、上下逆さに見たりポジネガを反転させたりして普段見慣れた状態からかけ離れた顔を見ると、途端に顔パターンへの感度は低下し、人物を特定するのが難しくなってしまう（図1-5、左の写真は正立させて見ると明らかに奇妙なのがわかる）。

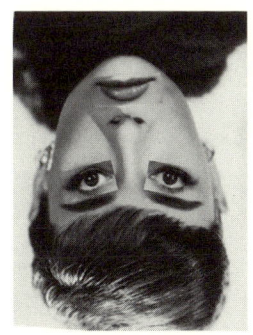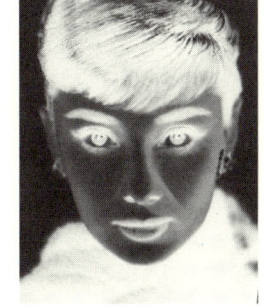

図1-5

私たちは顔を見ればすぐにそれが誰だかわかるし、わずかな表情の変化や視線の動きから微妙な感情を読み取ることもできる。そしてこの二つの能力、すなわち人物同定と表情分析は互いに独立した認知機能であると考えられている[7]。私たちは泣いたり笑ったりして表情を崩した顔を見てもそれが同じ人物であることは容易に認識できる。また、普段見慣れない外国人の顔の識別は難しくても表情は万国共通でその識別は簡単にできる。こうした経験的な事実からも人物同定と表情分析が独立していることは理解できるであろう。

　脳に損傷を受けると特定の認知機能に障害が生じることがあり、とくに顔の認知機能を失ってしまう障害は**相貌失認**とよばれている。相貌失認の患者は、顔を顔として認識できているにもかかわらず、誰の顔であるか識別することができず、表情も理解できない[8]。また、**カプグラ症候群**とよばれる症例では、親しい人物の顔を見ると、それが誰か認識できても本人のように思えず、よく似ている偽者（ロボットやエイリアン）のように感じるという特異な症状を示す[7]。こうした障害をもつ患者の障害部位と障害の内容が調べられることで、顔の認識メカニズムがしだいに明らかになってきている。

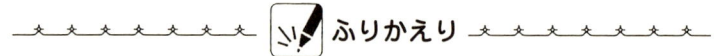

ふりかえり

　人間が行う情報処理はコンピュータ科学、言語学、大脳生理学などと結びついて、今日では（　A　）という学問領域を形成している。視覚は人間にとってもっとも重要な情報処理である。眼に光があたると、光はまず（　B　）というレンズを通り、次に目の奥の（　C　）にあたる。（　C　）にあたった光の情報は脳に送られさまざまな処理が行われる。たとえば、形の情報処理は、（　C　）には映っていないはずの（　D　）を生みだして欠けた部分を補完する。（　C　）に映った像は平面であるが、動いているものの速さの違いで生じる（　E　）、両目で見ることで生じる（　F　）などによって奥行きを感じる。実際には点滅している踏切の信号が左右に移動しているように見える（　G　）を知覚する。人の顔は目鼻立ちのわずかな違いや表情の微妙な変化で、その顔が誰であるのか、どんな感情を示しているのかを理解することができる。しかし、脳の損傷によって（　H　）やカプグラ症候群が生じると、そうしたことが自然にできなくなる。

14　第1章　知　　覚

参考文献

1. 道又爾・北崎充晃・大久保街亜・今井久登・山川恵子・黒沢学（2003）．認知心理学－知のアーキテクチャを探る　有斐閣アルマ
2. Glass, L.（1969）. Moire effects from random dots. *Nature*, 243, 578-580.
3. 下條信輔（1995）．視覚の冒険－イリュージョンから認知科学へ　産業図書
4. van Tuijl, H. F.（1975）. A new visual illusion： neonlike color spreading and complementary color induction between subjective contours. *Acta Psychologica*, 39, 441-445.
5. Pinna, B., Brelstaff, G., & Spillmann, L.（2001）. Surface color from boundaries： a new 'watercolor' illusion. *Vision Research*, 41, 2669-2676.
6. 宮下保司・下條信輔（編）（1995）．脳から心へ－高次機能の解明に挑む　岩波書店
7. 竹原卓真・野村理朗（編）（2004）．「顔」研究の最前線　北大路書房
8. 本田仁視　視覚の謎－症例が明かす＜見るしくみ＞　福村出版
9. McCollough, C.（1965）. Colour adaptation of edge-detectors in the human visual system. *Science*, 149, 1115.

やってみよう：マッカロー効果

　口絵のテスト刺激は白黒の縦縞と横縞が隣り合って並んでいる。そこに色がまったくついていないことに注目してほしい。となりにあるのは順応刺激である。左には赤の横縞模様、右には緑の縦縞模様がある。縞の向きと色の関係を確認しておこう。

　実験は、順応刺激を一定時間見つめ、その後にテスト刺激がどのように見えるか確認するという手順を踏む。まず、赤の横縞を10秒間見つめる。それから緑の縦縞を10秒間見つめる。また赤の横縞に戻って10秒間見つめる。このようにして赤と緑の縞模様を2分以上交互に眺めよう。それが終わったらテスト刺激に目を移す。すると先程色がついていないことを確認した白黒の縞模様にうっすら色がついているのを知覚できるであろう。しかも横縞の部分には緑色が、縦縞の部分には赤い色が見える。つまり縞の向きに従って補色残像が生じているのである。

　この現象はマッカロー効果[9]とよばれている。色の知覚に他の特徴の処理が影響を及ぼすことを示す現象である。この効果は持続時間が長いことでも知られている。

ふりかえりの解答
A：認知科学　B：水晶体　C：網膜　D：主観的輪郭　E：運動視差　F：両眼視差
G：仮現運動　H：相貌失認

この本の他の章を読んだ後に再びテスト刺激を見てみよう。それでもまだ残効が確認できるはずだ。より強い効果を得たければ、順応する時間をさらに長くするとよい。

思　　　考
―あたまを使うということ―

★問題解決

　問題を解いて目標と現状の食い違いをなくすことを**問題解決**という。したがって、なんらかの目標をもって行われる計算、創造、演繹、帰納は問題解決である。

　さて、図2－1を見てもらいたい。点が九つ並んでいるが、これを①4本の直線を使って、②一筆書きで結ぶとしたら、どのようにすればよいだろうか。答えは25ページのとおりである。読者の多くは、なんとなく点の上でしか、直線を曲げてはいけないように思い込んでいたのではないだろうか。

図2－1

　次に、表2－1を見てもらいたい[1]。この例題は、29ℓ入るバケツAと3ℓ入るバケツBがある場合、20ℓの水を量るためにはAで1回すくい、そこからBで3回水をかき出せばよいことを示している。では、以下に続く問題を同じ要領で解いてもらいたい（実際にこの問題を解いてから、ここから先を読み進めてください）。

　問1から問5までの正解はB－A－2Cである。さて、問6から問9についてもB－A－2Cと回答した人はいないだろうか？　確かに、B－A－2Cという解答は、間違ってはいない。だが、問6、問9はA－C、問7、問8はA＋Cというもっと簡単な解答がある。一旦、B－A－2Cという方法に慣れてしまうと、簡単な方法がある場合でもかえって面倒な方法を利用し続けるこ

17

表2-1

問	水瓶 A	水瓶 B	水瓶 C	くみたい量	回答欄
例	29	3		20	A−3B
①	21	127	3	100	
②	14	163	25	99	
③	18	43	10	5	
④	8	41	6	21	
⑤	20	59	4	31	
⑥	23	49	3	20	
⑦	15	39	3	18	
⑧	18	48	4	22	
⑨	14	36	8	6	

とになりやすい。

別の例題を示そう。図2−2には机の上が散らかっている様子が示されてい

図2−2

る。いま、机の上の物を別の場所に移動させることなく片づけなければならない。どのように片づけるとよいだろうか。図2－3は片づけ方の一例である。ペンなどの長い物はマグカップの中

図2－3

へ入れられ、本や原稿用紙はマグカップと置物で挟んで立てられている。マグカップは飲みものをいれる物、置物は飾る物といった先入観があると、こうした片づけ方は思いつかない。物の性質や機能を決まったとおりにしか見ることができないことを**機能的固着**という。

　9点問題でも水くみ問題でも片づけ問題でも、思いこみが問題解決を妨害していた。このように柔軟な発想を不可能にしてしまう思考の枠組みのことを**構え**という。構えは同じことを繰り返して行うだけの作業を効率よくこなすために大変便利なものであるが、新たな問題に直面し、なかなか解決策が見つからないようなときにはかえって邪魔になることがある。そういうときは思いこみをしていないか、役立つと思っている習慣は間違っていないかチェックしてみる必要があるといえる。

★ 推　　論

　複数の前提から結論を導く推論を**演繹的推論**という。そして、「XならばYである」といった形式の演繹推論をとくに**条件推論**という。「明日、雨が降っ

図2-4

たら、ピクニックは中止」という約束について考えてみよう。論理的には晴れた場合のことは言っていないのだから、晴れた場合にはピクニックに行くかもしれないし、行かないかもしれない。だが、多くの人々は晴れたら当然ピクニックに行くものと思うだろう。このように、人間は純粋に論理的に条件推論を行っているわけではない。

図2-4には4枚のカードがあり、表にはアルファベット、裏には数字が書いてある。いま、「表に母音が書いてあれば、裏には偶数が書いてある」という取り決めがあった場合、この取り決めが守られていることを確認するためには4枚のカードのうちいずれをめくればよいだろうか。めくる回数はできるだけ少なくしたい（自分なりの回答を出してから読み進めてください）。

この問題はウェイソン（Wason, P. C.）の選択課題とよばれている[2]。「E」と「4」、もしくは「E」のみと回答した人が多かったのではないだろうか。この問題の正解は「E」と「7」である。まず、表に子音が書いてある場合には先の取り決めとは関係がないので「K」は調べなくてよい。また、裏に偶数が書いてあればその表に母音が書かれていても子音が書かれていてもよいので「4」は調べなくてよい。だが、表に母音が書いてあるのに裏に奇数が書いてあるものは取り決めが守られていないことになるから「E」の裏は奇数でないことを調べる必要がある。ところが、それだけでは不十分である。「7」の表が母音でないことを確認する必要があるからである。人間には取り決めが守られていることのみに関心を集中させ、守られていないことを無視してしまう傾向がある。このため、この問題でも「E」と「4」、もしくは「E」と回答しやすくなる。これを**確証バイアス**という。

図2-5

次に、図2-5の問題を考えて

もらいたい。パーティ参加者の情報として表には好きな飲み物の種類が、裏には年齢が書いてあるカードがある。「お酒を飲むなら、大人でなければならない」という法律が正しく守られているかどうか確かめるためにはどのカードをめくればよいだろうか？　正解は「お酒」「16歳」である。ところで、先ほどのウェイソンの選択課題と飲み物の問題を比較してどちらが簡単だったろうか。おそらく、飲み物の問題の方を簡単に感じたのではないだろうか。ところが、飲み物の問題とウェイソンの選択課題は構造的にまったく同じである。このような問題の表現と難易度のくいちがいについて、ウェイソンとシャピロ（Shapiro, D.）は抽象的な課題よりも具体的なものの方が簡単であると考えた。これを**主題材料効果**という[3]。

　さらに、グリッグス（Griggs, R. A.）とコックス（Cox, J. R.）は、郵便料金のように、国によって事情が異なる事柄を題材にした場合、同じカード問題であっても正答率に違いが生じることを示した。郵便料金の問題とは、図2－6のような封筒があり、「封をしてあるなら50リラ切手が貼られていなければならない」というルールを確認するものである。イギリスでは実際にこのような料金の決まりがあるが、アメリカにはない。イギリス人とアメリカ人を対象としてこの問題を出題したところ、この制度に慣れているイギリス人の方がアメリカ人よりも正答率が高かったそうである。このことから、グリッグスたちは人間は論理的にではなく、経験的な記憶に基づいて推論を行っていると考え、これを**記憶手がかり説**と名づけた[4]。

　これに対して、チャン（Cheng, P. W.）とホリオーク（Holyoak, K. J.）はすべての推論について人間が個別の記憶を準備しているとは考えにくいことから、

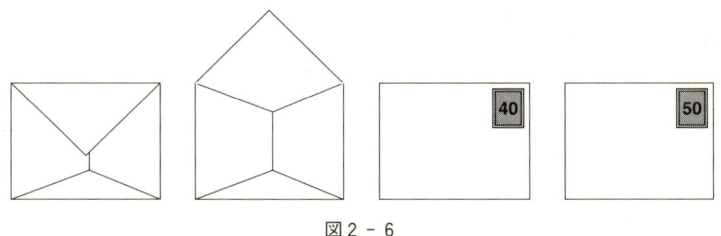

図2－6

表2-2
「〜するならば・・・でなければならない」
「〜しないならば・・・の必要はない」
「・・・ならば〜してよい」
「・・・でないならば〜してはいけない」

実用的推論スキーマ説を主張した[5]。これは人間が問題ごとに個別の記憶を使って推論しているのではなく、ある程度パターン化された推論のための枠ぐみ、すなわちスキーマをいくつかもっており、応用できるスキーマがあると判断されれば自動的にそれが利用されるという考え方である。表2-2は推論スキーマのひとつとされる許可スキーマである。飲み物の課題を例にとると、人間は飲み物の課題が「許可」に関する課題であると認識すると同時に、ほぼ自動的に許可スキーマが働き、速やかに回答を見つけられると考えられる。

★ 意 思 決 定

いくつかの選択肢があるときに、その中からいずれかを選択することを意思決定という。経済学をはじめとする社会科学では、人間は基本的に合理的に行動すると考えられている。したがって、意思決定を行う際にも自分にとっての損得を見極め、適切な選択肢を選んでいるとみなされることが多い。ところが、人間の行動を観察してみると不可解ともいえるような意思決定を行うことがある。

まず、リスクについて考えてみよう。意思決定が行われる際にはリスクがともなうことが多い。株に投資をすれば株価が上がって儲かるかもしれないが、逆に株価が下落して損をするかもしれない。曇りの日に傘をもっていかなければ楽ではあるが、後で雨にぬれることになるかもしれない。5年後、10年後の将来性に期待して結婚した相手が実際にはあまりぱっとしなくなるかもしれない。

選択にリスクがともなうなら、できるだけ自分に有利な選択をするのが当然といえる。表2-3には二つのうちどちらかを選択する問題が二つあるので、それぞれについて実際に選択をしてみよう（二つ問題に答えてから、先を読み進めてください）。

表2－3

問題1　A国で伝染病が発生し、このままでは600人が死亡してしまう。そこで死亡者を減らすために、二つのうちのいずれかの対策をとろうと考えている。

対策A　確実に200人救われる。

対策B　1/3の確率で600人救われるが、2/3の確率で誰も助からない。

問題2　B国で伝染病が発生し、このままでは600人が死亡してしまう。そこで死亡者を減らすために、二つのうちのいずれかの対策をとろうと考えている。

対策C　確実に400人死亡する。

対策D　1/3の確率で誰も死なないが、2/3の確率で600人が死ぬ。

トゥバスキー（Tuversky, A.）とカーネンマン（Kahneman, D.）によれば、問題1では7割の人が対策Aを、問題2では8割の人が対策Dを選んだそうである。ここで問題を見直してみよう。よく見ると対策Aと対策Cは同じ内容で、対策Bと対策Dは同じ内容であることがわかるだろう。こうした不合理な選択の原因は問題表現の違いにある。問題1ではポジティブな側面（救われること）が強調され、問題2ではネガティブな側面（死亡すること）が強調されている。このことから、人々はポジティブな問題についてはリスクを避けるように意思決定しやすく、ネガティブな問題についてはリスク志向的な意思決定をしやすいことがわかる。これを**フレーミング効果**という[6]。

このように、人間には不合理な決定をしてしまう傾向があるが、それならば一人で考えるのではなく、他人と一緒に考えて決定を下す場合はどうだろうか。現実の社会では学校でも、会社でも、役所でも、国会でも何かを決める際には、多くの人が集まって話しあいをすることが多い。みんなが集まって物事を決めるならば間違いのない決定ができそうに思える。ところが、多くの人が集まって話しあえば、いつも適切な意思決定が行えるとは限らないことがわかっている。

大勢の人が集まると、なんとなく全員の意見の平均的な内容の結論がまとまりそうに思えるが、ストーナー（Stoner, A. F.）は結論がかえって極端なものになることがあることを見いだした[7]。たとえば、学園祭で屋台を開く際、仕入れの量についてみんなで話しあうとする。最初にA君は昨年の経験から若干

★意思決定　23

多めに仕入れても完売できるのではないかと思っていたが、何人かの仲間もきっと大丈夫だから多めに仕入れようと言い出した。他人が自分と同じ意見を言っているのを聞いたA君は、はじめ思っていたよりもはるかに多くの仕入れをするべきだと主張するようになった。

　このように、意見が危険を冒そうとする方向に強まる現象を**リスキーシフト**という。なお、上の例とは反対に臆病になりすぎて過剰に仕入れを手控えることもあるだろうが、過度に安全な方向に意見が変化する現象を**コーシャスシフト**といい、これら二つのシフトをあわせて**極性化**という。極性化が生じる原因としては、自分と同じ意見をもった他者の存在を確認することによって自分の意見が妥当だという自信を強める、あるいは同様の意見を述べる他者よりも好ましい人間になろうとしてさらに意見の内容を強めたくなるといった理由があるとされる。

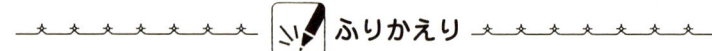
ふりかえり

　目標と現状を一致させることを（　A　）という。有効な方法を一旦身につけると、はやく（　A　）ができるようになる反面、（　B　）が生じて、他の方法が思いつかなくなる可能性もある。
　いくつかの前提から結論を導くことを（　C　）というが、とくに「XならばYである」といったタイプのものは（　D　）という。何かを確かめようとする際、人間には予測に一致することだけに注目し、一致しないことには関心が向かないという（　E　）が働きやすい。また、人間は日常生活に即した具体的な問題について推論することが得意であるため、（　F　）が発生する。
　いくつかの選択肢からいずれかを選択することを（　G　）という。（　G　）にはしばしば（　H　）がともなうが、（　I　）がはたらくことによって、人間は得をする可能性があるときには堅実な方法を選び、損をする可能性があるときには賭けをしやすくなる。また、同じ意見をもった人々が集まって（　G　）すると、自分の意見が正しいと確信し（　J　）が生じやすくなる。

参 考 文 献

1. Luchins, A. S. (1942). *Mechanization in problem solving. Psychological monographs*, No. 248.
2. Wason, P. C. (1966). Reasoning. In B. M. Foss (ed.), *New horizons in psychology*. Harmondsworth: Penguin.
3. Wason, P. C. & Shapiro, D. (1971). Natural and contrived experience in a reasoning problem. *Quarterly Journal of Experimental Psychology*, 23, 63-71.
4. Griggs, R. A. & Cox, J. R. (1982). The elusive thematic materials effect in Wason's selection task. *British Journal of Psychology*, 73, 407 - 420.
5. Cheng, P. & Holyoak, K. (1985). Pragmatic reasoning schemas. *Cognitive Psychology*, 17, 391 - 416.（3, 4, 5, 6の手引き：市川伸一（編）(1996). 認知心理学4 思考 東京大学出版会）
6. Tversky, A. & Kahneman, D. (1981). The framing of decisions and the psychology of choice. *Science*, 211, 453-458.（手引き：アロンソン, E.（岡隆訳）(1994). 社会的認知（古畑和孝監訳）ザ・ソーシャル・アニマル 人間行動の社会心理学的研究 サイエンス社 pp. 109-163）
7. Stoner, J. A. F. (1968). Risky and cautious shifts in group decision: The influence of widely held values. *Journal of Experimental Social Psychology*, 4, 442−452.（手引き：ブラウン, R. (1993). 個人対集団（黒川正流・橋口捷久・坂田桐子訳）グループプロセス 北大路書房 pp.138−182）

やってみよう：偶然の認知

コイントスをしたときのことを想像してほしい。コインを10回投げたら、大体どんな調子で表と裏が出るだろうか？　想像でかまわないので、表を白（何も塗らない）、裏を黒で表すとして、下の○印（図2‐7）を色分けしてみよう。

どのような割合で表裏を描いただろうか？表か裏かは50％の確率だから、表と裏を5回ずつにした読者は多いだろう。ところで、

図2‐7

図2‐1の解答

ふりかえりの解答
A：問題解決　B：機能的固着　C：演繹的推論　D：条件推論
E：確証バイアス　F：主題材料効果　G：意思決定　H：リスク
I：フレーミング効果　J：極性化

表や裏が続いて出てくるところ（「ラン」という）に注目すると、読者は最大で何回同じ面が続けて出てくると想像しただろうか？　2回？　3回？

下の図2－8は、筆者が実際に50回のコイントスを行った結果である。

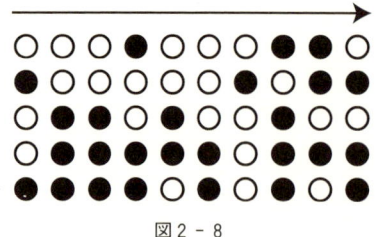

図2－8

これを見ると表は最大5回、裏は最大7回も連続したときがあったことがわかる。つまり、ランダムにコインを投げた場合、2回や3回同じ面が続くことはもとより、同じ面が6回くらい続いたからといって取り立てて珍しいことではないといえる。なお、表が出た回数は24回、裏が出た回数は26回であり、全体としては表も裏も出る確立はほぼ50％である。

このように、ある一時点だけを見ると、現実の確率事象は人間が想像するよりもはるかに偏っているのが普通である。日常場面でいえば、得意なスポーツで思うような成績を出せず「スランプだ！」と感じたり、反対に、ギャンブルをして「ついている！」と感じたりする場合には、こうした偶然に対する見積もりが原因で、ただの偶然を必然と思い込んでしまっている可能性がある。

それでは、実際にコイントスを50回ほどやってみよう。

学　　習
―行動を身につける―

★ 初期学習

　「学習」と聞くと学校での勉強を思い浮かべる読者も多いだろう。しかし、心理学でいう学習とはもっと広い意味で使われており、なんらかの経験によって行動が変化することをすべて学習とよんでいる。したがって、日本語を話せるようになることも、自転車に乗れるようになることも、苦手な食べ物を食べられるようになることも、シューティングゲームが上手になるのも学習である。

　人間を含めて動物の学習は産まれたときから始まる。そのうち、産まれた直後に始まる学習を**初期学習**という。ローレンツ（Lorenz, K.）は孵化したばかりのアヒルやガチョウのヒナを使って**刻印づけ**という初期学習の一種について研究した[1]。それによると、産まれたばかりのヒナは大きな動くものを見るとそれを母親だと思い、その後をくっついて回るようになったそうである。ローレンツはこの現象について、ヒナが親を見つけ、その親から一人前になるために必要な事柄を学べるよう遺伝的なプログラムが発動したと考えた。

　しかし、ヒナは大きな動くものを見ればいつでもそれを母親だと思うわけではない。だいたい産まれてからまる1日という限られた期間内で母親探しを終えることがわかっている。そこで、ローレンツは刻印づけが成功するためには制限時間があると考え、これを**臨界期**と名づけた（**敏感期**ともいう）。なぜこのような制限時間があるのだろうか。もし、この制限時間がなかったら、ヒナはいつまでも大きくて動くものに近づこうとするため、自分をエサとする動物にも近づいてしまうだろう。だが、生まれてすぐ目に入る大きな動くものはたい

27

てい本当の親である。時間制限があることによって自分を保護する親と自分を食べようとする外敵を区別することができるのである。

その後の研究によると、刻印づけはローレンツが考えていたほど成長後の生活に決定的な影響を与えるわけではないこともわかってきた。たとえば、人からエサをもらって成長したヒナであっても、他の仲間の行動を見てエサをとるのに必要なテクニックを身につけることができる。動物は刻印づけに失敗してもある程度はその失敗を補うことができると考えられる。

人間にもいくつかの臨界期がある。ここでは言語の習得についてとりあげてみよう。『アヴェロンの野生児』[2]『オオカミに育てられた子』[3]に登場する子どものように、人間の親に育てられないと人は言葉を話せるようにはならないと考えられる。どちらの例でも発見後に人間が世話をしたところ簡単な単語を声に出せるようにはなったというが、最期まで普通に会話をすることはできなかったという（野生児たちにはもともと知的障害があったために言葉を話せなかったのではないかという見方もある）。

ワーカー（Werker, J. F）とティーズ（Tees, R. C.）は、英語圏の赤ちゃんに「ヒンディー語」（インド）の「キ」と「セイリッシュ語」（ネイティブアメリカン）の「キ」という音を区別させる実験を行った[4]。ちょうど日本人に 'r' と 'l' を区別させるような実験である。この実験ではスピーカーから聞こえてくる音が変化したときに顔をスピーカーに向けるとおもちゃの動物が作動する装置を使った。赤ちゃんが面白がって音の違いに気がつくたびに振り向くようになったところで（振り向きパラダイム）、二つの音声の違いに気がつくかどうか調べた。それによると赤ちゃんは生後6カ月くらいまでは両者を区別することができたが、さらに半年ほどするとまったく区別できなくなってしまったという。生まれたばかりの赤ちゃんには音の区別ができるのに、成長すると区別できなくなるのは不便なようにも思える。しかし、赤ちゃんが音を区別できなくなることはスムーズに会話ができるようになるためのひとつの大切なステップなのである。

赤ちゃんは自分の周囲で話される大人の会話を聞いて、会話に必要な音だけ

を聞き分けられるようになってゆく。そして、いちいち意識しなくてもそのような聞きわけができるように会話に必要のない音は無視するように成長するのである。もし、大人になっても音の違いをつぶさに聞き分ける能力が残っていたとしたら、細かい音の違いにとらわれてしまい、方言や口調の違いで他人が何を言っているのかわからなくなってしまうかもしれない。

このように、人間でも動物でも初期学習によってその後の生活に役立つように行動の変化が生じる。だが、そうした変化が成長後も続くとかえって都合が悪いため、生まれたばかりのある一時期にタイミングよく変化が生じるようになっていると考えられる。

★条件づけ

初期学習は臨界期を過ぎるまでの間に行われる学習であるが、その内容は生まれつき決まっている。一方、人間を含めた動物は生活環境に応じてさまざまなことを学習するが、そのような多様な学習は**条件づけ**によって行われることがある。

条件づけには二種類ある。ひとつは**古典的条件づけ**とよばれるものである。パブロフ（Pavlov, I. P.）は、次のような実験を行い、動物の古典的条件づけの様子を明らかにした[5]。まず、犬の口に手術をして唾液腺から分泌される唾液の量を計れるようにした。そして、メトロノームを鳴らした直後に肉粉を与えることを繰り返した後、肉粉なしでメトロノームを鳴らしてみたところ、犬はメトロノームの音を聞くだけで唾液を分泌するようになったのである。

図3-1に示したように動物はそれまで身につけていた反応（だ液の分泌）を引きおこす刺激（肉粉）と一緒に新たな別の刺激（メトロノームの音）を受け続けると、新たな刺激によっても反応を引きおこすようになる。すでに身につけていた反応（肉粉による唾液の分泌）を**無条件反応**、無条件反応を引きおこしていた刺激（肉粉）を**無条件刺激**、新たな刺激による反応を**条件反応**（メトロノームの音による唾液の分泌）、条件反応を引きおこした刺激（メトロノームの

条件づけ前

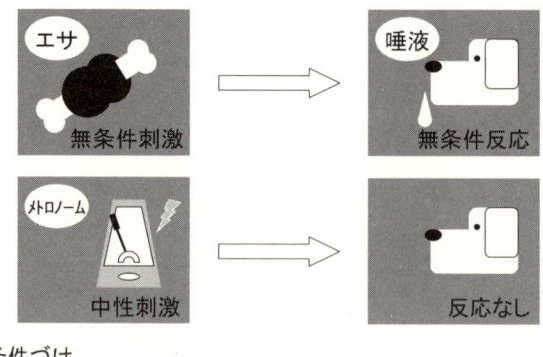

条件づけ

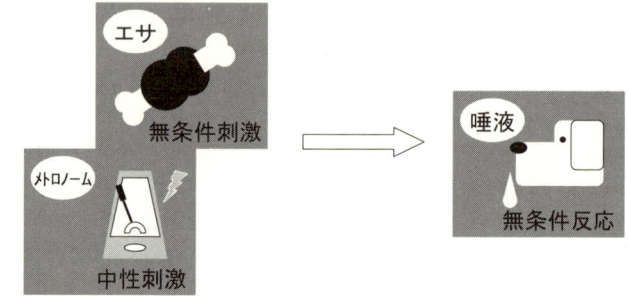

条件づけ後

図3-1

音）を**条件刺激**という。

　二つ目の条件づけは**オペラント条件づけ**（道具的条件づけ）とよばれるものである。スキナー（Skiner, B. F.）はラットが動き回れるくらいの箱のなかにレバーとエサ粒が出てくる口を設け、レバーを押すとエサが出てくるような装置を作った[6]。いわばラット用の自動販売機のようなものである。図3-2に示したようにラットははじめレバーが何のためにあるのか知らないためさまざ

30　第3章 学　習

なことをするが、レバーを偶然押したときにエサが出てくることを体験する。このような偶然を繰り返しているうちに、やがてラットは頻繁にレバーを押してエサを獲得するようになった。スキナーの実験ではエサが使われたが、こうしたある行動の出現頻度を増加させるもののことを**正の強化子**という。反対に、ある行動の出現頻度を減少させるもののことを**負の強化子**という。

ところで、よく子どもやペットのしつけをする際に、「たたいて教えないとわからない」という人がいる。このことをオペラント条件づけに沿って考えると、不快に感じられる負の強化子、すなわち罰を与えれば不適切な行動をしなくなるように思われる。人間を使って試すことはできないが、スキナーは動物実験で罰の効果を検討している。それによるとある行動に対してそのつど罰をあたえると、確かに動物はその行動をしないようにはなるが、その効果は一時的なものであったという。そして、罰が与えられなくなればその行動の頻度は元に戻ってしまったそうである。このことから罰を与えることには長期的な学

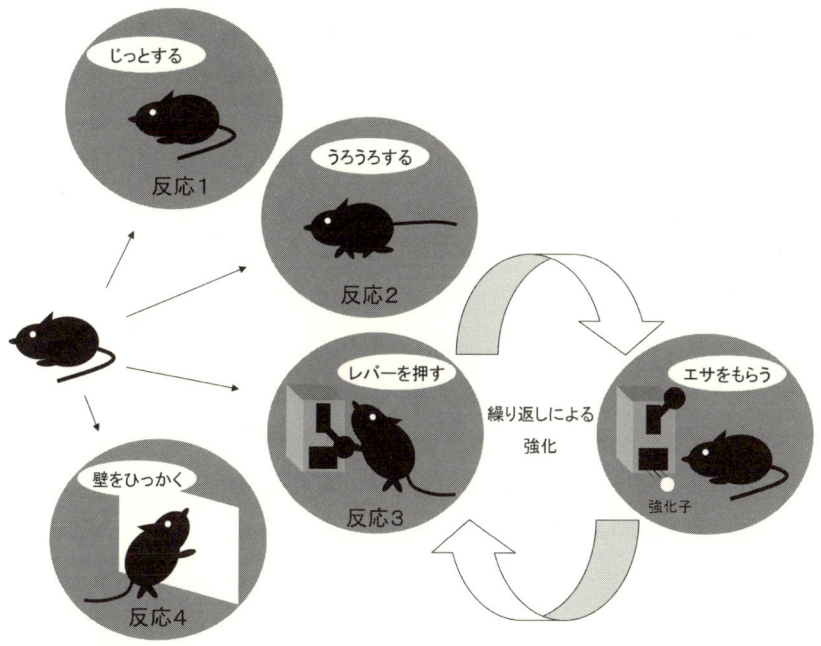

図3-2

★条件づけ

習効果はないと考えられている。

★ 行 動 療 法

　高所恐怖症という言葉を聞いたことがあるだろう。高所恐怖症の人は怖くて窓の外を見ることができない。ひどい場合には２階から上の階に上がることもできなかったりする。事故や災害、猛獣や暴力をふるう人を見て恐ろしいと感じるのは正常である。しかし、普通の人であればそれほど恐ろしいとは感じないものに対しても強い恐怖を感じてしまう精神疾患を**恐怖症**という。

　恐怖症には高所恐怖症の他に、まわりの物や他者が何でも汚らしく感じられる不潔恐怖症、人前で自分の顔が赤くなることを恐れる赤面恐怖症、外出することが恐ろしくて外へ出られなくなってしまう広場恐怖症、自分の発する臭いのせいで他人から嫌われていると思いこむ自己臭恐怖症などさまざまな種類のものがある。

　条件づけの観点からみれば、恐怖症は不適切な古典的条件づけによって発症すると考えられる。たとえば、地下鉄に乗っている最中に地震に遭遇し、真っ暗な車内に何時間も閉じ込められてしまった人が、その後地下鉄に乗るのが怖くなってしまったとしよう。この場合には恐怖（無条件反応）を引きおこすような災害体験（無条件刺激）が地下鉄（条件刺激）と結びつき、地下鉄によって恐怖が生じるようになってしまった（条件反応）と考えられる。

　恐怖症の症状を除去するためには結びついてしまった条件反応である恐怖と条件刺激である対象を分離すればよいわけだが、ウォルピ（Wolpe, J）は人工的に恐怖症にさせたネコを利用して学習による治療の実験を行った[7]。ウォルピは、まず、檻の中のネコに繰り返しブザーと電撃ショックを同時に与えることを繰り返して人工的にネコを恐怖症にし、拒食状態にした。人間でも強い不安によって食欲が低下することがあるが、このネコはまさにこうした神経性食欲不振になったわけである。

　ネコの様子について、ウォルピは、実験室に対する恐怖が食欲よりも強いた

めにネコは食欲不振になっていると考え、恐怖を感じない状況にすればネコは再びエサを食べると予測した。そこで、ウォルピはネコを実験室とはまったく違う様子の部屋に連れていき、エサを与えたところ、ネコは徐々にエサを食べるようになった。その後、エサを食べられるようになるたびに少し実験室に似ている部屋、電撃を受けた檻を取り去った実験室、もとの実験室の檻の中という順番で、ネコの居場所を段階的に変えていった。この結果、ネコは実験前と同じように実験室の檻の中でもえさを食べられるようになった。このように不適切な感情や行動を段階的に取り除く方法を**系統的脱感作法**という。高所恐怖症の人間の場合では、**筋弛緩法**や催眠・暗示を使ってリラックスさせた上で高い場所をイメージさせ、それに恐怖を感じなくなるとイメージする場所を徐々に高くしていくことがある。

　ところで、こうした恐怖症で困っている人の中には自分が感じる恐怖をばかばかしいと思いつつも、なかなか症状が改善しない人もいる。なぜ、恐怖心を取り去ることができないのだろうか。そのようなケースでは安心した気持ちが正の強化子として機能している場合がある。たとえば、地下鉄を恐れるようになった人はできるだけ地下鉄に乗るのを避けようとするだろう。これを**回避行動**という。地下鉄を利用した方が便利であってもバスやタクシー、自転車を利用するかもしれない。また、どうしても地下鉄を利用しなければならない状況になると強いストレスによって具合が悪くなり、その日は目的地に行くことができなくなるかもしれない。このように意図的に他の交通機関を使うにせよ、無自覚に体調が悪くなるにせよ、本人は地下鉄を利用しないことによってそのたびにホッとするだろう。ところがこのホッとした気持ちがオペラント条件づけの正の強化子になってしまうのである。つまり、地下鉄を利用しないことによって、地下鉄が危険でないことを学習する機会が失われるばかりでなく、生じる心地よさが地下鉄を利用しないという行動を強化してしまうのである。

　恐怖を感じる対象から逃げ続けることによって恐怖症が治りにくくなっているのであれば、本人を恐怖の対象から遠ざけるのではなく、むしろ曝露してやればよいといえる。こうした考え方に基づいてクライエントに恐怖の対象をあ

えて提示する方法を**エクスポージャー法**という。地下鉄の例でいえば、クライエントを地下鉄に乗せたり、事故の様子を詳しく説明させたりするのである。恐怖の対象に接することによってクライエントは恐怖から逃れてホッとする経験ができないため、回避行動をやめるようになるのである。

ふりかえり

　孵化したばかりのヒナが大きくて動くものを母親と認識するような、生まれた直後に行われる（　A　）は、適切な期間内に学習される必要があるため、（　B　）とよばれる制限時間がある。

　エサのような（　C　）とメトロノームのような（　D　）を繰り返し提示することによって、それまで（　C　）によって生じていた唾液の分泌のような（　E　）を（　D　）によって生じる（　F　）にすることを（　G　）という。

　ある行動をすれば、エサなどの（　H　）が与えられることを繰り返し経験することによって、その行動の頻度が増加するようになることを（　I　）という。

　恐怖症のような症状に対して、リラックスした状況で徐々に恐怖の対象に慣れさせていく心理療法を（　J　）という。

参考文献

1. Lorenz, K. (1965). *Über tierisches und menschliches Verhalten：aus dem Werdegang der Verhaltenslehre.* Munchen：Piper.（丘直通・日高敏隆（訳）(1978). 動物行動学. 上・下）（手引き：ローレンツ K. 日高敏孝（訳）(1998). ソロモンの指環 早川書房）
2. イタール, J. M. 中野善達・松田清（訳）(1978). 新訳アヴェロンの野生児 福村出版
3. シング, J. A. L. 中野善達・清水知子（訳）(1977). 狼に育てられた子 福村出版
4. Werker, J. F. & Tees, R. C. (1984). Cross-language speech perception：Evidence for perceptual recognization during the first year of life. *Infant Behavior and Development*, 7,

---

　　ふりかえりの解答
　A：初期学習　B：臨界期　C：無条件刺激　D：条件刺激　E：無条件反応
　F：条件反応　G：古典的条件づけ　H：(正の)強化子　I：オペラント条件づけ
　J：系統的脱感作法

49-63.（手引き：今井むつみ・野島久雄（2003）.ことばの学習：子どもはことばを学習する天才 人が学ぶということ：認知的学習論からの視点 北樹出版 pp.49-70）（2．3．4．の手引き：藤永保（2001）.ことばはどこで育つか 大修館書店）
5．Pavlov, I. P.（1927）. *Лекции о работе больших полушарий головного мозга.*（川村浩訳（1994）.大脳半球の働きについて 条件反射学（上・下）岩波文庫）
6．Skinner, B. F.（1938）. The behavior of organism：An experimental analysis. NY：Appleton Century Company.（手引き：オドノヒュー, W. T.・ファーガソン, K. E. 佐久間徹（監訳）（2005）.スキナーの心理学：応用行動分析学（ABA）の誕生 二瓶社）
7．Wolpe, J.（1958）. *Psychotherapy by reciprocal inhibition.* CA：Stanford University.（金久卓監訳（1977）.逆制止による心理療法 誠信書房）

やってみよう：自律訓練法

　学習はさまざまなストレスの除去にも応用することができる。シュルツ（Schultz, J. H.）によって考案された自律訓練法は暗示による一種の自己催眠であるが、これを習得すると疲労回復、不快な気分の除去、冷え性や頭痛、肩こりなどの身体症状の軽減といった効果が生じるといわれている。ここではその一部を紹介しよう（ただし、心筋梗塞、糖尿病、低血糖様状態、精神障害のある人は、具合が悪くなることがあるので行わないでください）。
　始める前に次のような準備をする。腕時計やベルト、シャツの第一ボタンなど体を締めつけているものをはずすか緩める。靴も脱ぐ。イスに腰掛け、軽く背筋を伸ばす。手はひざの上に自然におく。目は軽く閉じる。肩などがこわばっていれば無用な力は抜いておく。
　準備が整ったら、鼻からゆっくり息を吸い、胸ではなく、おなかいっぱいに空気をためる。そしていっぱいになったら、口からはやめに空気を吐き出す。これを数回繰り返したら、呼吸方法を自然に戻す。
　しばらく自然に呼吸をしていてよいが、その間に息を吐くたびに心が落ち着いてくる感じがし始めるので、その感じをよく感じとる。また、このときに「気持ちが落ち着いて楽な感じがする」と心の中で唱えてみるとよい。
　十分落ち着いた感じがしたら、右手に軽く注意を向ける。このときに「右手がなんとなく重たい感じがする」と心の中で唱える。するとだんだん重さを感じとれるようになる。そして、右手の重たさを感じながら、また心の中で「気持ちが落ち着いている」と唱える。

この後、右手の重さを感じとれるようになったら、同じ要領で左手、右足、左足の順に重さを感じとりながら、「気持ちが落ち着いている」と唱える。
　十分に重さと落ち着いた感じを感じとれたら、目をつぶったままゆっくり手を握ったり開いたりし、足首を回し、腕や足の曲げ伸ばしを行う。最後に背伸びしながら深呼吸を2、3回して、ボヤーッとした感じをとる。
　はじめのうちは手足が重くなるのを感じにくいかもしれないが、1日に2、3回練習すると、だんだん速くできるようになる。学習によって体がリラックスしやすくなるためである。

Chapter 4 記　　憶
―コピーではない情報の蓄積―

★ 記憶の種類

　記憶とは何かを考えるとき、二つの側面から記憶を考えなければならない。ひとつはどのような情報を記憶しているのかという記憶の種類について、もうひとつは情報がどのように記憶されるのかという記憶のプロセスについてである。本節では図4－1に示した記憶の種類について、次節では記憶のプロセスについて言及する。

　人間の記憶は二つの貯蔵庫で情報が保持されると考えるのが**二重貯蔵モデル**である。図4－2に示すように、情報が感覚器に入り、その中でもとくに注意を向けられた情報だけが短期貯蔵庫に送られ、**短期記憶**となる。短期記憶は保持する情報の容量に限界があるという特徴をもっており、ミラー（Miller, G. A.）[1]により、その容量が7±2の情報量であることが示された。記憶する情報は7桁の数字でも7つの文字でも違いはなく、短期記憶の容量はなんらかの意味をもつ情報のかたまり、**チャンク**という言葉で説明される。たと

図4－1　記憶の種類

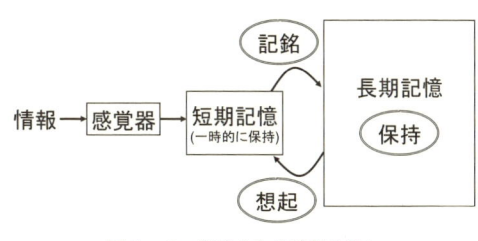

図4－2　記憶される情報の流れ

えば、「１０３９３１」という6桁の数字（6チャンク）も「父さんくさい」と語呂を合わせて情報を1チャンクにすることによって記憶されやすくなり、短期記憶の限られた容量を節約することもできる。

　短期記憶は容量が限られているので、容量を超える情報を保持したいときには、情報を保持しておく別の貯蔵庫が必要になる。これが長期貯蔵庫である。情報が長期貯蔵庫に**長期記憶**として保持されることによって、短期記憶では保持しきれなかった情報が、時間が経っても維持される。

　長期記憶として保持される情報には、**宣言的記憶**と**手続き的記憶**がある。普段私たちが記憶力が良いという言葉で表現する記憶は、宣言的記憶である。宣言的記憶は言語的に伝達することが可能な記憶で、さらに、**意味記憶**と**エピソード記憶**に分けられる。意味記憶は知識と言い換えることもできる記憶である。たとえば、「appleは日本語でリンゴを意味する」、「自動車はガソリンで動く」というような、誰しもが共通して理解している情報を保持することを指している。一方で、エピソード記憶は個人的な思い出の記憶ということができる。「小学生のときに、毎週日曜日に父親に学習ドリルをやらされた。ドリルの解答が間違っていたのに、父親から『答えが間違っている』と怒られた」というような、その人の体験に関する一連の情報の保持がエピソード記憶である。

　手続き的記憶は主に運動にかかわる記憶で、言語で表現することが難しく、実行することで想起できる記憶を指している。手続き的記憶の例としてしばしばとりあげられるのは自転車の乗り方である。自転車の乗り方を言語的に説明することはできるけれども、その説明を聞いたからといってすぐに自転車に乗れるわけではない。私たちは何度も練習し、乗り方を体得することによって自転車の乗り方を記憶できる。こうした手続き的記憶は想起するときに、思い出すという意識がともなわない。私たちが自転車に乗るとき、乗り方を言語的に思い出して意識することはないだろう。たくさんの情報を覚え、思い出せることを記憶力が良いと考えやすいけれども、思い出すという意識がなくても、蓄積された長期記憶から必要な情報を想起して行動に利用することは記憶力が良いといえる。

★ 記憶のプロセス

　普段、私たちは、記憶という言葉を過去に体験したことを覚えておいて、必要なときに思い出すことという意味で使うことがある。心理学においても、記憶は情報を覚えて（**記銘**）、そのまま維持し（**保持**）、必要なときに思い出す（**想起**）、という一連のプロセスと考える。情報は、記銘・保持・想起という流れで記憶されているのである。

　では、私たちは情報をどのように記銘し、保持し、想起しているのだろうか。前節で説明した短期記憶と長期記憶に情報が記憶されることに対応した記憶のプロセスが図4－2にも示されている。情報が感覚器に入力され、その中でもとくに注意を向けられた情報だけが短期記憶として保持される。しかし短期記憶の容量は限られているため古い情報から消えてしまう。そこで、容量も大きく、長い時間情報を保持することのできる長期記憶として必要な情報を移動する作業が行われる。この作業が情報を覚える記銘である。情報は、記銘された結果、長期記憶として保持されるようになる。長期記憶として保持されている情報が必要になると、たくさん保持されている情報の中から、必要な情報だけが取り出される。これが想起である。

　情報が短期記憶と長期記憶の間で記銘して保持されたり、想起されたりすることは、机と本棚におかれた本にたとえられることがある。勉強や調べ物をするとき、机の上はスペースが限られているので、そのときに必要な本だけを揃える。そのときには必要ないけれども、後から必要になりそうな本は机の上にはおけないので本棚に保管する。このことが短期記憶だった情報を記銘して、長期記憶として保持することを表している。そして、本棚で保管しておいた本が必要になったときに、本棚から机の上に持ってくることは、情報を長期記憶から想起することとよく似ている。

　将来必要となりそうな情報を貯めておく無意識的な長期記憶に対して、短期記憶では情報を記銘したり、想起させたりと、意識化された活発な活動が行われている。では、短期記憶ではどのように記銘・想起が行われているのだろうか。

情報を記銘して長期記憶として保持するためには、**リハーサル**を行わなければならない。リハーサルとは、保持したい情報を何度も声に出す、または頭の中で何度も唱える作業のことである。クレイクとワトキンス（Craik, F. I. M. & Watkins, M. J.）[2]は保持したい情報を単純に繰り返すリハーサルのことを**維持リハーサル**、イメージ化や関連づけを行うことを**精緻化リハーサル**と区別して、維持リハーサルは情報を短期記憶として長い時間保持する効果をもっているけれども、情報を長期記憶として保持するためには精緻化リハーサルが必要であることを示した。

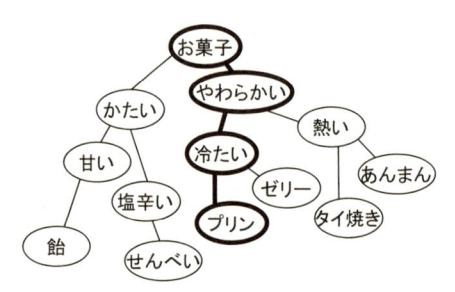

図4-3　情報のネットワークと想起

想起では、あらかじめ想起されていた情報を手がかりに、図4-3に示すような情報のネットワークをたどって、必要な情報を見つけ出す活動が行われている。必要な情報を想起できないことは**忘却**とよばれる。忘却の原因には、保持されている間に他の情報に邪魔されて想起されにくくなっていること、記銘が行われているときに精緻化リハーサルが正確に行われなかったために別物として記銘されてしまい想起されなくなっていることが考えられる。

★ 記憶の変容と目撃証言

私たちは、日常生活でふれる情報のうち注意が向いた情報のみを記銘、保持している。したがって、私たちが記憶として保持している情報は完全なものではない。そして、不完全で曖昧な情報は、他の情報によって曖昧さを補った上で想起されやすい。

カーマイケル、ホーガン、そしてウォルター（Carmichael, L., Hogan, H. & Walter, A. A.）[3]は曖昧な図形を記憶するときに、言語情報をつけ加えると、想起時に記憶が変容することを示した。彼らの実験の被験者は全員が図4-4に示

されている刺激図形を共通して見るが、半数は語群Ⅰの言語情報を同時に示され、残りの半数の被験者は語群Ⅱが示された。被験者に図形を想起させた結果、示された語群によって想起される図形が変化していた。たとえば、◯◯という刺激図形に対して、「眼鏡」という言語情報が与えられた被験者は眼鏡に似た図形を想起し、「ダンベル」という言語情報が与えられた被験者はダンベルに似た図形を想起した。

　記憶が、その場の事実だけではなくその他の情報の影響を受け、その結果、構成されていくものだとすると、人間の記憶が正確であるということは難しい。記憶の変容は、裁判における目撃証言の信憑性でも問題視されることがある。記憶しようという意識がなかった犯罪場面を目撃者が想起して証言する内容は、目撃者の保持しているその他の情報を利用し、情報の欠落を補った上で再構成された内容であるということができる。

　目撃者の記憶は不安定で変容しやすいことはさまざまな研究から実証されている。ロフタスとパーマー（Loftus, E. F., & Palmer, J. C.）[4]は目撃者が経験した出来事に対して、その内容を質問されるときの言葉遣いによって記憶が変容することを示した。被験者は自動車事故の映像を見た後で、「自動車が激突したときに、車はどれくらいの速度で走っていましたか」という質問に回答するよう指示される。この質問の「激突した」という部分を「衝突した」「突きあたった」「ぶつかった」「接触した」と入れ替えた質問を作ったところ、「激突した」という言葉の入った質問に答えた被験者は、車の走行スピードをもっとも速く回答していた。また、この被験者たちの多くは、映像には割れたガラスの破片が映っていなかったにもかかわらず、「割れたガラスを見ましたか？」という質問にも「はい」と答えてしまうことがわかった。目撃状況をたずねる質問で用いられる言葉ひとつで、実際

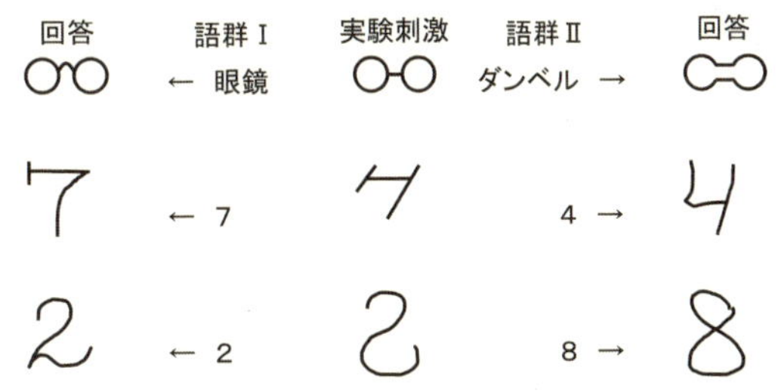

図4-4　実験刺激図形と被験者の回答（一部）

★記憶の変容と目撃証言 | 41

には存在しなかった事柄を「目撃した」と思わせてしまうほど、記憶は変容しやすいのである。

しばしば裁判では目撃者の記憶の信憑性を確かめるために、目撃者自身による証言への確信度が注目されてきた。しかし、目撃者の確信度と記憶の正確性に関連はない。自信をもって目撃者が証言しているからといって、その内容が正確であるとは限らない。目撃者が意図的に嘘を言っているわけではなくても、証言の内容が間違っていることがある。しかし、実際には、「その場を見ている目撃者本人が言っているのだし、自信をもって証言しているのだから間違いは無いだろう」という思いこみから、誤った証言が信憑性のある証言として評価されることもある。

一般的に、人間の記憶の不安定さと曖昧さはまだまだ理解されていない。裁判場面での目撃者の証言が実際には間違っているにもかかわらず、証拠として採用されることは避けなければならない。アメリカでは、不正確な目撃証言によって裁判が行われないよう、1999年に司法省が「目撃証言：警察のためのガイド」（Eyewitness Evidence A Guide for Law Enforcement）を制定した。このガイドライン作成時には検察官、弁護士、裁判官、法学者などの法律家だけでなく心理学者もかかわっており、ガイドラインの内容は目撃証言に関する心理学的研究がいかされたものになっている。

ふりかえり

（　A　）では、人間の記憶が2つの貯蔵庫で保持されると考える。（　A　）によると、感覚器に入力された情報の中でも注意の向いた情報だけが（　B　）に保持され、その後（　C　）で継続して保持される。

（　C　）に保持される情報には、言語的に表現できる（　D　）と、実行することで表現できる（　E　）がある。（　D　）はさらに、誰もが共通して理解している知識のような情報の記憶である（　F　）と、個人的な思い出の記憶の（　G　）に分けられる。

情報は記銘・保持・想起という一連の処理が行われることによって記憶される。

（　B　）に保持された情報が（　C　）として長い間保持されるためには、保持したい情報を何度も口に出すような（　H　）が必要である。ただし、単純に情報を口に出して繰り返すだけの（　I　）では、情報は（　C　）に保持されず、情報をイメージしたり他の情報と関連づけたりする（　J　）を行うことが必要である。

参考文献

1. Miller, G. A. (1956). The Magical Number Seven, Plus or Minus two：Some Limits on Our Capacity for Processing Information. *The Psychological Review*, 63, 81-97.
2. Craik, F. I. M. & Watkins, M. J. (1973). The role of rehearsal in short-term memory. *Journal of Verbal Learning and Verbal Behavior*, 12, 599-607.
3. Carmichael, L., Hogan, H. & Walter, A. A. (1932). An experimental study of the effect of language on the reproduction of visually perceived form. *Journal of Experimental Psychology*, 15, 73-86.（手引き：佐藤基治（1996）．画像の記憶は名づけによってどう変わるか　カーマイケルらの画像記憶に関する萌芽的研究　斉藤勇（監修）・箱田裕司（編）　認知心理学重要研究集2――記憶認知　誠信書房　pp. 134-137.）
4. Loftus, E. F., & Palmer, J. C. (1975). Reconstruction of automobile destruction：an example of the interaction between language and memory. *Journal of Verbal Learning and Verbal Behavior*, 13, 585-589.（手引き：E. F. ロフタス．西本武彦（訳）（1987）．目撃者の証言　誠信書房）

やってみよう：目撃者になってみる

次のページの写真を10秒間見てもらいたい。その後、10分間くらい、何か別のことをした後で、写真の下の解説を読む。解説は必ず10秒間写真を見て、10分間別のことをした後に読むこと。

ふりかえりの解答
A：二重貯蔵モデル　B：短期記憶　C：長期記憶　D：宣言的記憶　E：手続き的記憶
F：意味記憶　G：エピソード記憶　H：リハーサル　I：維持リハーサル
J：精緻化リハーサル

上の写真を隠して写真には何が写っていたか思い出してもらいたい。写真に登場していた人物は何人で、それぞれの特徴を思い出してみよう。倒れていたのはどんな人物で、どんな格好をしていたか？　その他にも写真に何が写っていたか思い出せることをすべて書き出してみよう。そして、もう一度上の写真に戻って、自分の記憶がどれだけ正確だったか確かめてほしい（ちなみに、右の男性は右手にしゃもじを持ち、左の女性は右手に包丁、左手にリンゴを持って、テーブルに突っ伏している女性を見ている。この女性の首にはヒモのようなものが巻かれている）。

　たった10分前の場面であっても、私たちは完全に正確に思い出すことは難しい。上の写真でいうと、壁にかけてある時計やカレンダーなど、あまり重要ではなさそうな細かい情報を無視して、人物や包丁といった重要そうな目に止まりやすい情報だけを記憶してしまう。また、その他の情報の影響を受けて、記憶が変容することもある。写真を見る前に、左側の女性と倒れている女性の仲が悪かったという話を聞いていたら、左側の女性が包丁で刺したと思ってしまうかもしれない。人間の記憶は情報のコピーではなく、記憶される情報が取捨選択され、その他のさまざまな情報の影響を受けて、事実とは異なる形で再構成されたものなのである。

Chapter 5 感情・動機づけ
―喜怒哀楽が生まれる仕組み―

★ 感情の諸相

　感情は三つの側面をもっている。一つめに主観的な**体験**がある。うれしい、腹立たしい、悲しいなど、人は体験を通して自分の感情状態を自覚する。感情体験の強さや頻度は、質問紙を使って測定することもできる（表5-1）[1]。二つめに表情、音声、姿勢などの**表出**がある。社会生活を円滑に営むためには、自分の感情を適切に表出し、他者の感情を正しく読みとることが求められる。三つめに**生理的反応**がある。強い感情が生じると、手に汗をかいて脈が上がったり、筋肉が緊張したり、さまざまなホルモンが分泌されたり、ときには病気に対する体の抵抗力までもが変化する。

　三つの側面は、人により異なった現れ方をする。人に不快な写真や映像を見せて、そのときの表情、生理的反応、体験の言語報告を同時に記録すると、三つの側面のバランスを調べることができる。多くの人を調べてみると、生理的反応は人一倍強いのに、表情の変化は乏しい人がみられる。このタイプは、当人の感情状態を外見から読みとることが難しい。別のタイプとして、感情体験の種類を区別するのが苦手で、自分がどのような感情を感じているのか、よく混乱する人がいる。このタイプは、強い生理的反応が生じても、その感情をうまく言葉で表現できないことがよくある。このように感情の諸相には個人差があるので、ひとつの側面のみに目を向けていると感情のサインを見落としてしまう。他者の感情状態を詳しく知ろうとするときには、各側面にまんべんなく注目することが大切である。

表5-1 自己報告により気分を測定する質問紙

現時点で自分が感じている気分の強さをひとつ選ぶ。活力感と緊張感の二種類を測定できる。

	感じまったくない	感じすこし	ある程度感じる	非常にはっきり感じる	
例）退屈した	1	2	③	4	
活動的な	1	2	3	4	EA
うとうとした	1	2	3	4	－EA
いらいらした	1	2	3	4	TA
落ち着いた	1	2	3	4	－TA
活気のある	1	2	3	4	EA
だらだらした	1	2	3	4	－EA
そわそわした	1	2	3	4	TA
のどかな	1	2	3	4	－TA
精力的な	1	2	3	4	EA
ぼんやりした	1	2	3	4	－EA
どきどきした	1	2	3	4	TA
くつろいだ	1	2	3	4	－TA
積極的な	1	2	3	4	EA
眠い	1	2	3	4	－EA
びくびくした	1	2	3	4	TA
のんびりした	1	2	3	4	－TA
活発な	1	2	3	4	EA
だるい	1	2	3	4	－EA
緊迫した	1	2	3	4	TA
ゆったりした	1	2	3	4	－TA

注：活力感（EA）と緊張感（TA）の評定値を別々に加算する。ただし「－」の項目は、（5点－得点）に変換する。（畑山他[1]を参考に作成）

三つの側面に加えて、感情は人の考え方や行動の仕方を変える。これらの作用のなかには、個人や社会にとって役に立つはたらき（機能）が含まれている。悲しみという感情には、大切なものを失った人を建てなおす機能があるとされている。悲しみを経験しているとき、人はさまざまな行動が減り、言葉や表情などを通して周囲に苦痛が表される。これらの反応は、自分のなかにエネルギーをたくわえ、他者から共感や援助を引き出すことに役立っている。

自分は迷惑を受けていなくても、社会の決まりが犯されるだけで怒りが生じることがある。電車のシルバーシートを高校生が占有してるのを見て、腹をたてた大学生が注意をしたとしよう。短絡的に考えると、怒りに後押しされて注意をすることは、大学生にとってなんの得にもならない。しかし長い目でみると、人々に決まりを守らせて、暮らしやすい社会をつくることに貢献している。怒りは、社会の決まりを維持したり、人間関係を調整する機能をもっているのである。

多くの感情には有益な機能があるが、強い感情や、長く続く感情は、ときとして適応の妨げになる。たとえば不快感情の生理的反応は、野生環境では外敵に対して闘争／逃走の準備をするものであった。ところが現代社会では、闘ったり逃げたりすることで解決できる問題は少ない。そのため生理的反応がいつまでも解消されず、さまざまな体の不調を引きおこす原因になる。

★ 認知的評価

同じような出来事を経験しても、生じる感情が人により異なるのはなぜであろうか。出来事そのものではなく、出来事に対する本人の受けとめ方（認知的評価）が、感情を生み出すためである[2]。出来事を評価する仕方は数多くあるが、ここでは対処可能性、原因帰属、未来予期という代表的な三つの評価にしぼって説明をする（表5-2）。

対処可能性の評価とは、自分で出来事がコントロールできるかを判断することである。コントロールできると考えれば希望が、できないと考えれば絶望や悲しみが生じる。大切な試験が目前に迫っているとき、「努力をすれば合格できる」と思えば希望が、「いまさら何をしても無駄である」と思えば絶望が生じるであろう。不安は希望と絶望の中間に位置する感情であり、合格と不合格の見込みが五分五分であるときに生じる。

対処可能性の影響力を調べるために、不快な騒音を人に何度も聞かせる実験

表5-2 認知的評価と感情の関係

評価＼感情	希望	不安	悲しみ・絶望	怒り	後悔・罪悪感
対処可能性	状況をコントロールできる	コントロールできるかどうかわからない	状況をコントロールできない		
原因帰属				他者に原因	自分に原因
未来予期	望ましい未来が期待できる		望ましい未来が期待できない		

がある。はじめに参加者は、努力しだいで騒音を止められると告げられた。半数の参加者の場合（統制可能群）、目の前のボタンを4回続けて押すことがルールで、本人がルールに気づけば騒音を止めることができた。残りの参加者の場合（統制不可能群）、じつは何をしても騒音は止まらず、統制可能群が受けた時間と同じだけ騒音が提示されるように仕組まれていた。両群が受けた騒音の量は同じであることに注目してほしい。それにもかかわらず統制不可能群はより意欲が低下して、その後は努力しだいで解ける課題に対しても積極的に取りくまなくなった[3]。実験が示すように、コントロール不可能な状況におかれた人は「自分が何をしても結果は変わらない」と考えるようになり、無気力や気分の落ち込みなどを示すことがある。この状態は**学習性無力感**と呼ばれ、学業での挫折による無気力、過酷な仕事による燃えつき症候群など、実験室の外でもしばしばみられる。

　出来事の原因がどこにあるのか推測することを**原因帰属**という。すでに出来事が起きてしまった後でも、原因帰属の仕方により感情の種類は変わる。試験での失敗など、望ましくない出来事を経験したとき、その原因が他者にあると考えれば怒りが、自分にあると考えれば後悔や罪悪感が生じやすい。原因帰属は、その後の意欲にも影響を与える。失敗の原因が自分にあるとき、「努力が足りないからだ」と考えれば、次はもっと努力しようという気になる[4]。それとは対照的に「能力が足りないからだ」と考えれば、やる気が失せてしまう。失敗を次回にいかすためには、原因の分析が肝心といえる。

　未来予期とは、将来は状況がどのように変わるのかを予想することである。現在は苦しい状況におかれていたとしても、将来は事態が好転すると考えると希望が生じやすい。試験勉強をしているとき、「この苦しみもいつかは終わる」と考えることができれば、つらさはいくぶん和らぐであろう。

　未来予期の重要性を示す研究に、楽観性に注目したものがある。**楽観性**とは、一般的に物事がうまく進み、悪いことよりも良いことが生じるという信念をもつ性格を指す。学業の負担が重いことで有名な米国のロースクールでも、楽観主義者は良好な気分を示すことが知られている[5]。この学生達から血液を採取

して、Tリンパ球やナチュラルキラー細胞という免疫指標を調べたところ、ウイルスや細菌などに対する体の抵抗力が高いことも明らかになった。楽観性が心と体の健康に恩恵をもたらすことは、次節で述べるように限定つきではあるが、心理学の研究でも支持されているのである。

★ コントロール欲求

　学習性無力感の例が示すように、コントロールできない状況は、人をとても不快な気持ちにさせる。逆に出来事をコントロールして個人の目標を達成することは、快をともなう感情をもたらす。たとえば他者を自分の意に沿うように説得できたときや、努力をして第一志望の会社に就職できたときには、喜びやプライドなどの感情が生じるであろう。

　人は自分に関連した物事をコントロールしたいという欲求をもっている。この欲求は**コントロール欲求**とよばれ、人により強さが異なる（表5-3）。ほどよい強さのコントロール欲求は、苦しい状況を乗りこえるための原動力になる。学校や職場などで苦境におかれたとき、多くの人は状況をコントロールしようと試みる。問題の原因について考える、いかなる対策をとるか計画を立てる、信頼できる人に助言を求めるなどは、その代表的な方法である。これらの方法を状況にあわせて使いこなせる人は、苦境でも良好な精神状態を保つこと

表5-3　コントロール欲求尺度の項目例

- 自分のことは自分で決めたい。
- 自分の運命を自分でコントロールしたい。
- 他人に指示されるくらいなら、自分で仕事に取りくみ、失敗したほうがよい。
- 他人から命令されるよりも、命令したい。
- 他人のすることに影響を与えるのが好きだ。
- 問題があるときには、成りゆきにまかせるよりも、何かするのを好む。
- たいてい、他人よりも難局をうまく乗りきることができる。
- 政治に参加して、政治に対して発言をしたい。
- 運転中、他人のせいで怪我をするのはごめんだ。

(Burger & Cooper[8] を参考に作成)

ができる。

　ただし以下の実験が示すように、コントロール欲求が状況にそぐわないほど強すぎると、環境への適応を妨げることがある[6]。実験への参加者は、質問紙調査の結果に基づきコントロール欲求が強い人と、弱い人に分けられ、計算課題を解くよう求められた。じつは課題には、参加者が努力して解ける問題と絶対に解けない問題の二種類が用意されており、コントロール欲求の強い人が解けない問題に直面したときには、欲求が弱い人よりも気分が落ちこんでしまった。コントロール欲求の強い人は、いかなる状況でも結果をコントロールしようとするため、それができない場合には不快な感情が強まるのである。

　先に述べた楽観性も、場合によっては体の健康に悪影響を与える[7]。体の免疫指標を長期にわたり調べたところ、短期間で終わる苦しい経験をしたとき、楽観主義者の免疫機能は高かった。短期決戦の場合、楽観性は健康を守ることに役立つのである。ところが苦しい経験が1ヵ月以上も長引くと、楽観主義者は楽観的ではない人よりも免疫機能が低下してしまった。楽観主義者は将来に対する期待が大きいため、苦しい状況でも努力をやめない。そのため状況が簡単にコントロールできないときには、努力をしすぎて体を疲れさせてしまうようである。

　現代社会は、個人のコントロール欲求を増幅するといわれている。身のまわりは、テレビやCDプレイヤーなど、リモコンひとつでコントロールができる機械であふれている。世間ではポジティブ・シンキングという言葉が尊ばれ、意思の力で自分の人生をコントロールすることが推奨されがちである。このような風潮に乗って、あらゆる物事をコントロールしようとすれば、かえって心や体の健康を損なうおそれがあることに注意したい。機械をコントロールするほどたやすく、他者や人生をコントロールすることはできない。日常生活のなかで出会う問題に向きあうときには、コントロールできることと、できないことを見極めて、場合によっては別の目標を設定したり、問題が解決できる時期が来るまで待つことも必要になる。状況に応じてコントロール欲求を調整することの大切さを、上記の研究結果は物語っている。

ふりかえり

　感情は三つの側面をもっている。自分の感情状態を自覚するための（　A　）、感情状態をお互いに伝達しあうための（　B　）、元々は野生環境で（　C　）をするための（　D　）である。悲しみや怒りのような感情にも、人が環境に適応したり、人間関係を調整する（　E　）がある。
　（　F　）理論によると、感情の種類は、出来事に対する本人の（　F　）により決まる。出来事をコントロールできない状況におかれた人が、それ以降も状況をコントロールできないと考えるようになり、無気力などを示す現象を（　G　）という。（　H　）とは、さまざまな出来事の原因を推測することであり、その仕方により人の感情や意欲が大きく左右される。一般的に物事がうまく進み、悪いことよりも良いことが生ずるという信念をもつ性格は（　I　）とよばれ、心身の健康維持に寄与すると考えられている。
　人は自分に関連した物事をコントロールしたいという欲求をもっており、この欲求は（　J　）とよばれる。強すぎる（　J　）は、かえって環境への適応を妨げることがある。

参考文献

1．畑山俊輝・Antonides, G.・松岡和生・丸山欣也（1994）．アラウザルチェックリスト（GACL）から見た顔のマッサージの心理的緊張低減効果　応用心理学研究, 19, 11-19.
2．Smith, C., & Lazarus, R.（1993）. Appraisal components, core relational themes, and the emotions. *Cognition & Emotion*, 7, 233-269.（手引き：コーネリアス, R. R. 齊藤勇（監訳）（1999）．感情の科学—心理学は感情をどこまで理解できたのか— 誠信書房）
3．Hiroto, D. S., & Seligman, E. P.（1975）. Generality of learned helplessness in man. *Journal of Personality & Social Psychology*, 31, 311-327.（手引き：ピーターソン, C., マイヤー, S. F., セリグマン, M. E. P. 津田彰（監訳）（2000）．学習性無力感—パーソナル・コントロールの時代をひらく理論— 二瓶社）
4．Abramson, L. Y., Seligman, M. E. P., & Teasdale, J. D.（1978）. Learned helplessness in humans: critique and reformulation. *Journal of Abnormal Psychology*, 87, 49-74.（手引

ふりかえりの解答
A：体験　B：表出　C：闘争／逃走の準備　D：生理的反応　E：機能　F：認知的評価
G：学習性無力感　H：原因帰属　I：楽観性　J：コントロール欲求

き：アンタキ, C., ブレーウィン, C. 織田和雅・古市裕一（訳）(1993). 原因帰属と行動変容　ナカニシヤ出版）
5．Segerstrom, S. C., Tayler, S. E., Kemeny, M. E., & Fahey, J. L. (1998). Optimism is associated with mood, coping, and immune change in response to stress. *Journal of Personality & Social Psychology*, 74, 1646-1655.（手引き：セリグマン M. E. P. 山村宜子（訳）(1994). オプティミストはなぜ成功するか　講談社）
6．渡辺諭史・岩永誠・尾関友佳子（2002）．制御可能性と制御欲求が対処方略採用とストレス反応に及ぼす影響　健康心理学研究, 15, 32-40.
7．Segerstrom, S. C. (2005). Optimism and immunity: Do positive thoughts always lead to protective effects? *Brain, Behavior, & Immunity*, 19, 195-200.
8．Burger, J. M., & Cooper, H. M. (1979). The desirability of control. *Motivation & Emotion*, 3, 381-393.（手引き：上記文献6）
9．Weinstein, N. D. (1980). Unrealistic optimism about future life events. *Journal of Personality & Social Psychology*, 39, 806-820.（手引き：外山美樹・桜井茂男（2001）．日本人におけるポジティブ・イリュージョン現象　心理学研究, 72, 329−335.）

やってみよう：非現実的な楽観性

同じ大学に在籍する平均的な同性の学生と比較して、将来、あなたが以下の出来事を経験する可能性は高い、あるいは低いと思いますか？　数字（単位：％）を一つ選び○をつけてください。

表5−4

出来事	可能性なし	←平均以下				平均的な人と同じ	平均以上→			平均的な人の2倍	平均的な人の3倍	平均的な人の5倍
結婚して2～3年以内に離婚する	−100	−80	−60	−40	−20	0	+20	+40	+60	+80	+100	+200	+400
40歳より前に心臓発作を経験する	−100	−80	−60	−40	−20	0	+20	+40	+60	+80	+100	+200	+400
性病にかかる	−100	−80	−60	−40	−20	0	+20	+40	+60	+80	+100	+200	+400

仕事を解雇される −100 −80 −60 −40 −20 0 +20 +40 +60 +80 +100 +200 +400

肺がんになる −100 −80 −60 −40 −20 0 +20 +40 +60 +80 +100 +200 +400

大学を中退する −100 −80 −60 −40 −20 0 +20 +40 +60 +80 +100 +200 +400

半年以上、失業する −100 −80 −60 −40 −20 0 +20 +40 +60 +80 +100 +200 +400

歯周病になる −100 −80 −60 −40 −20 0 +20 +40 +60 +80 +100 +200 +400

解説：米国の某大学における平均値を示した。もしも皆が可能性を正しく見積もっていれば、理論上、平均値は0％になる。ところが実際は、すべての平均値がマイナスになっている。多くの人は、平均的な他者に比べて、自分に出来事が起こる可能性を低く見積もっているのである。われわれは、不幸は自分にだけは起こらないと日頃から考えている。この種の楽観性は明らかに現実と乖離しているので、非現実的な楽観性とよばれる。非現実的な楽観性は、人の精神状態や行動に対して、いかなる影響を与えるであろうか。その望ましい影響と、望ましくない影響の両方を考えてみてほしい。

表5-5 米国大学生の平均値

- 離婚 : −48.7%
- 心臓発作 : −38.4%
- 性病 : −37.4%
- 解雇 : −31.6%
- 肺がん : −31.5%
- 中退 : −30.8%
- 失業 : −14.4%
- 歯周病 : −12.4%

（Weinstein[9]より引用）

回答例：人の精神状態を安定させる反面、病気や事故を招く危険な行動を助長する。

Chapter 6 知　　　能
―誤解されてきたこの言葉―

★ 知能の分類

　われわれは日常の会話の中で知能という言葉をよく口にする。しかしこの言葉の示す内容について、あらためて考えてみたことはあるだろうか。
　他者とのふだんのやりとりの中で知能という言葉を何気なく使っても、話が相手にうまく伝わらないということはない。これは、われわれがお互いに抱いている知能のイメージがほとんど同じためだろう。しかしそのイメージとは具体的にはどのようなものなのだろうか。知能という言葉を、われわれは実際にどの程度理解しているのだろうか。知能とはIQのことだと考えている人もいるだろうが、IQって何？　とあらためて聞かれると、答えに窮してしまうのではないだろうか。
　知能の話に入る前に、心理学で使われる用語について一言。心理学は、心を科学的に研究しようとする学問であり、知能の問題も当然研究対象に含まれる。そしてふだん使い慣れた知能という語も、科学的な用語として使われる場合には、きっちりと定義されたものである必要がある。すなわち、日常語としての知能と、心理学の用語としての知能とは、言葉としては同じではあるけれども、互いに区別して考えるべきである。このように心理学の用語の中には、日常語と同じ形でありながら、その内容は日常語とは多少異なっているものが少なくない。したがって心理学に関する話は、用語に注意しておかないと内容をよく理解できないことがある。
　さて心理学においても、「知能の定義は知能を定義する心理学者の数だけあ

る」と冗談めかしたいい方がされるように、知能という言葉にはさまざまな意味が与えられてきた。しかし残念ながら、今日に至るまで、完全に満足できる知能の定義というものはない。知能という概念に含まれる能力の範囲が非常に広く、一言ではなかなか要約できないためである。

たとえば、抽象的に考える能力に重点をおいて知能を考える立場がある。俗にいう、「数学ができる人は頭がいい」などがこれにあたる。これは知能の説明として一応もっともらしくは聞こえるけれども、幼児や動物にみられる知的な行動を説明できないという大きな問題がある。

学習の速度と知能を同じものとみる立場もある。のみこみの早い子どもや上達の早い人は頭がいいといった類の考えである。しかしじつは、学習速度と知能との間には関係がないことが明らかになっている。たとえば高齢者の学習を考えてみよう。一般に高齢者は新しいことを理解したり身につけたりするスピードが若い人たちより遅い。しかしだからといって高齢者は若者より知能が低いといえるだろうか。答はもちろんノーである。実際には高齢者は時間をかければ十分な学習が可能なのだ。

環境に対する適応力を知能と考える立場もある。生物にとって重要なのは、新しい環境、あるいは環境の変化に適応することであるから、環境にうまく適応できるということは頭がいいという考えである。大分もっともらしくなってはきたが、実際には適応能力は知的能力だけで説明できるものではなく、その人がたまたまおかれた状況や、その人の性格によっても大きく影響されるのである。というわけでこの考えも、知能の定義としては十分ではない。

ところで、実証科学である心理学が実際の研究対象としている知能は、**知能検査**により測定されたものであることが多い。この事実から、ひとつの一見エキセントリックな知能の定義が出てくる。すなわち、「知能とは、知能検査により測定されたものである」という定義である。

このタイプの定義に基づいた知能観を二つ紹介しよう。一つ目はビネー(Binet,A.)のもので、知能は単一の能力であって、個々の要素に分けて考えることはできないというものである。ビネーの主な関心は子どもの知能にあり、

何歳の子どもならどういうことができるかという、年齢ごとの知能の基準作りをした。その流れをくむものがビネー式とよばれる知能検査である。したがってビネー式の知能検査では、知能が全体としてどれくらいの水準にあるかということは問題にできるが、個々の知的能力の程度について論じるのには限界が大きいといえる。

　二つ目はウェクスラー（Wechsler,D.）のものである。特定の能力が知能の核をなすと考えない点はビネーと同様だが、知能を個々の成分に分解して考える点はビネーとまったく逆である。この考えに基づいて作成されたウェクスラー式の知能検査では、知能を大きく**言語性知能**と**動作性知能**（言葉を媒介しない能力）に二分し、さらに両者はいくつかの種類の問題を通じて測定しようとするため、知能を細かく分析して検討することが可能となっている。

　このウェクスラーの知能観と関連する知能観に、キャッテル（Cattel,R.B.）のものがある。彼は知能をスピードの面から**流動性知能**と**結晶性知能**の二つに分けた。流動性知能とは計算や短期記憶など、頭の回転の速さに関係する能力で、新しい環境への適応に関係する。結晶性知能とは、経験の積み重ねにより習得された知識を生かす能力であり、知識や理解力に関係する。早く問題を解決することが求められるというよりは厳密な判断が要求される事態で力を発揮する。これは流動性知能と異なり、脳の状態などの生理的・生物学的要因による影響は小さい。このキャッテルの分類は、スピードは低下するが人生経験の豊富な高齢者の知能を考える際などにとくに有用と考えられる。

　この流動性知能と結晶性知能自体は、特定の知能検査の結果と結びついて出された概念ではなかったが、若干の例外はあるものの、前者は動作性知能を測る知能検査によって、また後者は言語性知能を測定する検査により測定しうるとされている。

★ 知能の規定因

　人間の行動やその背後にある心理的なものの成り立ちを考える場合、「**遺伝**

か**環境**か」、すなわちわれわれの行動や心理は生まれながらに決まっているのか、それとも生まれた後の経験を通じて形成されてゆくものなのかという問の立て方をするのが普通である。学習の章では、行動には後天的に決定される部分がきわめて多いことを強調したが、知能に関しては事実はどうなっているのだろうか。

　遺伝要因の強さを調べる方法としてまず思いつくのが、親と子の知能の類似の程度の調査である。そこでは比較的高い類似性が確認されている。しかしこの方法では遺伝要因の影響だけをみているわけではないことに注意したい。まず子どもは親の遺伝子を受け継ぐが、にもかかわらず親と子で遺伝子は完全に同じではない。また親子は多くの場合、共通の生活環境の中で生活しているため、環境が親と子の双方の知能に同じように影響を及ぼすことが考えられる。さらに子どもは他の家族、とくに親をまねることを通して、行動パターンや考え方、価値観などを身につけてゆく。これらのことから、仮に親と子の知能が似ていたとしても、その原因が純粋に遺伝だけに帰せられるものなのか、それとも後天的な学習の結果によるものなのか判然としないことが多い。

　そこで、一卵性双生児の知能を比較するという方法が考え出された。一卵性双生児はお互いに同一の遺伝子をもっている。したがって、一卵性双生児の知能を調べ、そこになんらかの違いが見いだされれば、それは環境の影響によるものと考えることができる。これに対して二卵性双生児間の知能の差は、遺伝の違いと環境の違いの両方の結果によると解釈できる。

　実際に多くの研究で、同じ環境で生育した一卵性双生児の知能指数は互いによく似た値となることが見いだされている。バウチャー（Bouchard,T.J.Jr.）とマクギュー（McGue,M.）[1]は、多くの研究の結果をまとめ、知能指数の類似度は同じ環境で一緒に育てられた一卵性双生児でずば抜けて高いことを示した（図6-1）。これは強い遺伝要因と環境要因がともに作用した結果といえる。一方、別々に育てられた一卵性双生児では、知能指数の類似度はやや下がるが、それでも一緒に育てられた二卵性双生児などの場合より若干高い。

　したがって、知能に遺伝要因が影響しているのは事実であろう。しかし図

```
一緒に育てられた
無関係の子ども
同士

別々に育てられた
きょうだい

一緒に育てられた
きょうだい

一緒に育てられた
二卵性双生児

別々に育てられた
一卵性双生児

一緒に育てられた
一卵性双生児
```

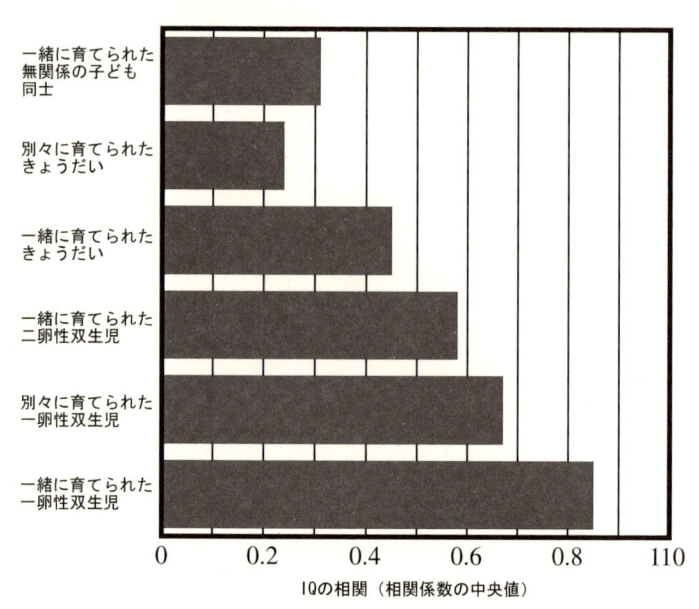

0   0.2   0.4   0.6   0.8   110
IQの相関（相関係数の中央値）

図6-1　双生児研究によるIQの類似度（バウチャーとマクギュー[1]）

相関係数とは類似性・関係性の程度を示す値。心理学では相関係数が0～0.2であれば類似性なし、0.2～0.4で弱い類似性あり、0.4～0.7でかなりの類似性あり、0.7以上で強い類似性ありと見なす。

6-1からは、同時に知能には環境による影響も少なくないことが見てとれる。遺伝的に異なる二人が一緒の環境で育てられた場合にも、お互いの知能指数は類似性を示すのである。

このように、遺伝と環境という二つの要因は、どちらか一方のみが知能に作用するというわけではなく、どちらの要因の影響もあるというのが現実に即した考えである。

知能に影響する環境要因には、学校教育や経済的要因など多くのものがあるが、知的刺激の乏しい環境や孤立した環境の悪影響が繰り返し指摘されている。ネズミなどの動物では、刺激の乏しい環境で育った個体は、豊かな刺激が与えられる環境で生育した同じ種類の個体に比べ、脳の発達も学習の成績も悪い。人間でも、特に乳幼児期から刺激に乏しく、周囲の大人からのはたらきかけも少ない環境で育った子どもでは、知能の発達、とくに言語を媒介した能力の発

達が大きく妨げられるだけでなく、感情やコミュニケーション能力での障害も大きいことが明らかにされている。この問題は敏感期（第３章「学習」を参照）とも関連する。ただ、ここで注意しておきたいのは、子どもに一方的に刺激を与えてやるだけでは不十分ということである。子どもが刺激に対して反応し、それに応じた反応を周囲が返してやるという双方向のコミュニケーションを通じて、知能をはじめとするさまざまな精神機能が適切に発達するのである。最近、「テレビに子守をさせる」ことの危険性が指摘されている。これも、テレビ視聴自体が子どもの心に悪影響を及ぼすというのではなく、子どもが偏った情報を一方的にかつ受動的に与えられ続けるだけになってしまうことに対しての警鐘と理解すべきであろう。

★ 知 能 指 数

知能指数はIQと略称される。一般にはこのIQの値が知能の水準を示すものと信じられているが、この知能の「水準」とはなんであろうか。

知能の水準という言葉は、その人の知的能力全体のレベルと同じ意味であると考えられやすい。しかしじつはこの理解ではまったく不十分なのである。

まず、問題とされている知能が、知能検査によって測定されたものであるという事実がある。知能検査は、限られた時間内に限られた種類の課題をどれだけこなしたかによって知能を測定する。知能全体を測定しているのではない点に注意されたい。確かに知能検査では、知能の多面的な理解を目指してさまざまな能力の測定が行われるが、それらは知能全体のごく一部、すなわち測定できる部分のさらに一部の能力なのである。したがってたとえば知能の中でもかなり重要な要素と考えられる創造性の高さなどは、知能検査の結果からはわからないのである。

こう書くと、知能検査は知能を適切に測れていないのではないかという疑問を感じるかもしれない。しかしその危惧はあたらない。知能検査はいい加減に作られるものではなく、可能な限り知能の本質的な部分がとらえられるように、

精選された問題が集められているのだ。そして第1節で述べたように、そもそも心理学で知能という場合、知能検査を用いて測定されたものを指す場合がほとんどであり、知能検査の結果に反映される知能が心理学的に多く問題とされるのだ。

そしてこのことは、知能検査の種類が異なれば、問題とされる知能の内容も違ってくる可能性を意味する。なぜならば、知能検査は特定の知能観に基づいて作成されているため、知能検査の種類が異なるということは、それの理論的な土台となっている知能観も異なるからである。たとえばビネーの知能観に基づく知能検査と、ウェクスラーの知能観に基づく知能検査が、同じものを測っているという保証はないのである。むしろ、検査の土台が違うわけだから、両方の知能検査が測っている知能の領域が完全に一致すると考える方が無理なのだ。知能検査は知能の本質を測ろうとする努力の上に作られるというのも、知能の絶対的な本質ではなく、あくまでも特定の知能観の下で考えられる知能の本質に関する話として理解していただきたい。

したがって、知能検査の結果に基づいて知能について考察されている現状では、問題とされる知能は、その人の知能全体からみた一部であることをまず認識しなければならない。そして同時に、その知能が、どのような知能観に基づいた知能検査で測られたものかが明らかにされなければ、話は意味をなさないのである。

さて最後にIQの問題である。上の話からわかるように、知能検査は知能全体を網羅してはいない。そしてIQは、その知能検査の結果に基づいて計算される数値である（図6-2）。この事実から、IQの値を一人の人間の知能全体のレベルと等価とみなす考えは暴論といわざるをえない。また知能検査で測定される能力に限定して考えても、わずか1個の数字が、知能検査で測定対象とされたいくつもの能力の個々のレベルを集約しきれているとはとても考えられない。

IQは元来、一人の人間の知能の水準をなるべく単純な形で把握するという実務的な要請の中で生まれた数字である。もとより豊かな意味など付与されて

いなかったのだ。また、知能検査の結果に基づいて計算されるというその性質上、知能検査と切り離されての存在意義はない。しかし世間ではいつの間にか、知能の水準が話題となるときには、IQがその母体である知能検査から切り離されて一人歩きしてしまっているのである。

余談だが、歴史的な人物のIQを報告している記事を目にすることがある。一例をあげると、ゲーテのIQは200、モーツァルトが155で、シェイクスピアは100未満だという。

本章を読まれた読者はもうお気づきと思うが、これらの数値にはなんの意味

1．ビネー式知能検査でのIQ算出法

　IQとは、"Intelligence Quotient" の頭文字で、Intelligenceは知能、Quotientは商、すなわち割り算の結果のことである。ビネー式知能検査では、基本的に、知能検査により求めた精神年齢（何歳何ヵ月の知能の水準にあるか）を、その人の実際の年齢（生活年齢）で割り算してIQを求める。すなわち、

$$IQ = \frac{精神年齢}{生活年齢} \times 100$$

　この計算で使われる数値は、その人に関するものだけである。したがって、その人のIQが多くの人たちのIQの中でどれくらいの位置を占めるのか、言いかえれば、平均IQとどれくらい違っているのかを知ることはできない。ビネー式知能検査では、そもそも平均IQというものを考えていない。他の人とIQを比べるという観点がないのである。よくIQの平均は100だといわれるが、それは実はこのビネー式のIQの話ではなく、次に述べるウェクスラー式知能検査でのIQの話である。

2．ウェクスラー式知能検査でのIQ算出法

　同じIQという名前がついていても、上のビネー式知能検査でのIQと、これから述べるウェクスラー式知能検査でのIQとは計算方法がまったく別である。計算に使われる数値がまるで異なるのである。

　ウェクスラー式知能検査でのIQは、以下の式によって求められる。

$$IQ = \frac{15 \times |（その人の得点）－（その人と同じ年齢集団の得点の平均）|}{（その人と同じ年齢集団の得点の標準偏差）} + 100$$

　標準偏差というのは、検査得点の集団内での散らばりの程度を数字で示したものである。この式で求められるIQは、平均が100で標準偏差が15という分布を示す。この事実は、人々を年齢層ごとに分けた場合、1つの年齢層に含まれる人口の約7割が、85から115の間のIQをもつということを意味する。

　ビネー式知能検査でのIQと違って、ウェクスラー式の知能検査では、特定の年齢層の人々のIQがどのように分布するかわかっているため、その人のIQが平均からどのくらい違っているかを問題にすることができる。これによって、ある人のIQを他の人のIQと比較することの意義が生まれる。

図6-2　ビネー式知能検査とウェクスラー式知能検査でのIQ算出法

もない。IQはあくまでも知能検査の結果に基づいて計算される値だからである。そして、これらの人物が生きた時代には知能検査なるものはまだ存在すらしていなかったのである。じつはこれらの数値は、その人の両親の経済状況や社会的地位、それに伝記に基づくその人本人の利口さを示すエピソードの数を数えて出したものである。シェイクスピアのIQが低く出ているのは、単に彼が貴族の出でなかったためと、子ども時代の記録がなかったためにすぎない（佐藤）[2]。

---------- ✦ ふりかえり ✦ ----------

ビネーが、知能は単一の能力であって、個々の要素に分けて考えることはできないと主張したのに対して、ウェクスラーは、知能を（ A ）と（ B ）とに大別し、それらをさらにいくつかの能力に分けて考えた。またキャッテルは、知能をスピードの面から（ C ）と（ D ）とに二分して考察した。

知能は（ E ）と（ F ）のどちらか一方によってのみ決まるわけではなく、これら二つの要因の影響を受ける。後者の要因に関して、とくに幼少期における知的な刺激の乏しさや、周囲からのはたらきかけの少なさによる深刻な悪影響が繰り返し指摘されている。

IQは知能そのものではなく、（ G ）のことである。IQは（ H ）の結果から計算される数値であり、（ H ）で測定されたその人の知能の水準を示すものではあるけれども、知的能力全体の水準を集約するものではない。

---------- ✦ 参考文献 ✦ ----------

1．Bouchard, T. J., Jr., & McGue, M.（1981）. Familial studies of intelligence: a review. *Science*, 212, 1055 - 1058.（手引き：スミス, E. E., ノーレン・ホークセマ, S., フレデリックソン, B. L. & ロフタス, G. R. 内田一成（監訳）（2003）. 第14版 ヒルガードの心理学 記憶 ブレーン出版 pp. 553 - 585.）

ふりかえりの解答
A：言語性知能　B：動作性知能　C：結晶性知能　D：流動性知能　E：遺伝
F：環境　G：知能指数　H：知能検査

2．佐藤達哉（1997）.知能指数　講談社現代新書

やってみよう：クラスの平均IQ

　IQはわずか1個の数字であり、ある個人の知能全体の水準を集約した数値などではないことは本文中で述べたとおりである。とはいえ、その人の特定の知能の部分の水準を示す数値と考えることは可能である。したがってIQを他者と比較することは可能であり、またそれがIQ、とくにウェクスラー式知能検査でのIQの存在意義でもある。さて、それでは次の記述は正しいといえるだろうか。理由もあわせて考えてみよう。

> 　A組とB組という二つのクラスにウェクスラー式の知能検査を実施したところ、A組のIQの平均が105で、B組のIQの平均が110となった。このことから、ウェクスラー式知能検査で測定された能力に関しては、B組の生徒の方がA組の生徒よりも高いといえる。

　じつはこの記述は、正しいか正しくないか判断することができない。それは各クラスの生徒のIQの散らばり具合が不明だからである。

　多くの場合、IQは一人一人異なる。したがって、クラスの中でもIQの値は広く分布すると考えるのが妥当であろう。しかし、「B組のIQはA組のIQより平均で5高い」と聞けば、A、B両クラスの生徒のIQが、右の図の上のように分布しているようについつい考えてしまわないだろうか。

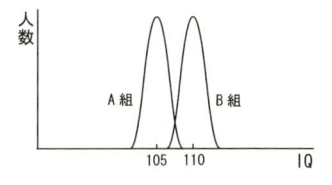

　実際は二つのクラスのIQの分布は、下のような関係となっているかもしれないのである。もしIQ分布がこのようになっていたとしたら、上の記述は必ずしも正しいとはいえないだろう。

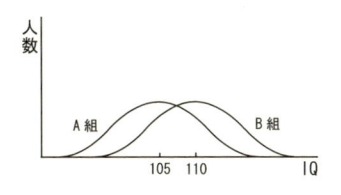

　ほかにも考慮に入れるべき問題がある。たとえば、同一人物であっても、知能検査の結果は気分や体調の影響、場合によっては周囲の環境の影響を多少なりとも受けるという事実が知られている。知能検査が実施されたとき、A組には風邪をひくなどして体調を崩していた生徒が多くいて、そのためIQの平均がB組に比べて低くなったのかもしれないのである。なおウェクスラー式知能検査のIQ自体、個人においては±5程度の変動は許容範囲とされている。

Chapter 7 性格
—"その人らしさ"を理解する—

★ 類型論と特性論

　自分や他人の**性格**を知ろうとするときに、「○○型」「△△タイプ」といったいくつかの「型」に分類して理解しようとすることがある。血液型による性格判断や黄道12星座の星占いなど、科学的にみてその真偽は疑わしいものが多いとはいえ、人間をタイプ分けして理解しようとする試みは一般に広く行われている。心理学も、これと似た方法で人間の性格を研究してきた。なんらかの基準に従って数種類の**類型**を設定し、個人を類型にあてはめて理解しようとする諸理論を、総称して**類型論**という。

　しかし、十人十色という言葉があるように、現実の人間の性格はじつに多様であり、少数の類型にあてはめて理解しようとすることにそもそも無理があるといえる。実際、類型という数種類の「型」に個人をあてはめるよりも、個人の習慣的な行動特徴を生み出すもととなる基本的な性格特徴を人間を構成するブロックのように見立て、それらの組み合わせで個人を理解する方が適切なのではないかという意見の方が現在では主流である。それが、**特性論**とよばれる考え方である。

　特性論においては、個人を構成するブロックのような基本的な性格特徴を**特性**とよぶ。すべての人間は、それらの特性の組み合わせによって理解することができる。たとえば、特性として「明るさ」と「気分の安定」があった場合、"にぎやかで話し好きだが、すぐにカッとしたり落ち込んだりする"Aさんと、"物静かでおとなしく、いつも落ち着いている"Bさんを、"AさんはBさんよ

りも「明るさ」が高いが「気分の安定」は低い"といったように、「明るさ」と「気分の安定」の二つの特性の高低で区別することができるのである。

特性は個々人の性格の違いを生み出すもととなるものであるが、直接これを観察することはできない。そのため、特性論では性格をいい表すために使われているさまざまな言葉（「明るい」「優しい」「内気な」「元気な」など）に着目している。これらの性格表現用語は、そもそもそのような行動や振る舞いを日頃からよく見せる者を指して使われるものである。その行動の違いを生み出すものが特性であるとすると、性格表現用語を大量に集めて分析し、似た意味の言葉同士をまとめ上げれば、それが特性を反映すると考えることができる。

ところで、一人の人間の性格を理解するためにいったいいくつの特性が必要になるのだろうか。二つで十分だという者から16個は必要になるという者まで、特性論の考え方に立つ研究者の中でもさまざまな意見があったが、最近になって、五つの特性ですべての人間を過不足なく理解できるという考えが広まってきた。それらの五つの特性は、**ビッグファイブ**とよばれている（表7-1）。

外向性は、明るく社交的で、じっとしているのが嫌いな性格特性である。**協調性**は、優しく親切で、人と仲良くやっていくことを大事にする性格特性を表す。**誠実性**は、責任感が強く努力を怠らない性格特性であり、**神経症傾向**は神経質で気分的に不安定な性格特性である。最後の**開放性**は、好奇心が強くて柔軟な考え方のできる性格特性を表している。研究者によって各特性のよび方に多少の違いはあるが、多くの研究がこれら5種類の特性の存在を支持している。

表7-1　ビッグファイブの各特性と一般的な特徴

特性	一般的な特徴	
	高い	低い
外向性	社交的、明るい、話し好き　活動的、冒険好き、元気	控えめ、無口、用心深い　おとなしい、消極的
協調性	温和、優しい、親切　心の広い、協力的、良心的	短気、自己中心的、反抗的　競争心の強い、疑い深い
誠実性	責任感が強い、勤勉　几帳面、努力家、真面目	いい加減、無精、怠惰　飽きっぽい、気まぐれ
神経症傾向	悩みがち、気苦労の多い　憂うつ、動揺しやすい	落ち着いている、気楽　平静な、のんき、自信がある
開放性	好奇心が強い、思慮深い　知性的、頭が柔らかい	保守的、視野が狭い、単純　粗野な、洗練されていない

FFPQ[1]、主要5因子検査[2]など、日本人用にビッグファイブを測定する心理検査もいくつか開発されている。

　特性の遺伝的・生物学的な基盤を探る研究も、活発に行われている。PETという機器を用いてビデオ映像を見ている間の脳血流量の変化を調べた研究[3]では、外向的な傾向の強い者と弱い者とでは脳の一部の働き方に違いがあることが報告されている。特性がどの程度遺伝するのかについて調べた研究もあり、外向性と神経症傾向の遺伝率の推定値は0.50程度であることがわかっている[4]。このように、特性の背後には生物学的プロセスが存在し、特性の一部は遺伝により受け継がれる可能性が示唆される。

　それでは、人間の性格は遺伝によって形成されてしまうものなのだろうか。確かに親子や兄弟で性格が似ていることは多いが、異なるところもまた多いことは経験的にも明らかである。このことは、性格は遺伝だけで作られるものでは決してなく、親子関係や友達関係といった社会的環境の要因の影響力が非常に大きいことを示している。

★ 性格の発達

　人間は遺伝によって作られるのか、それとも環境によって作られるのか。この問題は以前から心理学の中で活発に議論されてきた問題のひとつである。遺伝の影響の強さを示すものとしては、気質に関する諸研究がある。誕生したばかりの新生児の頃から、すでに泣きやすさや興味のもち方といった反応や行動には子どもによって大きな違いがみられる。このような、生後間もない時期から観察される行動特徴のことを**気質**という。気質は長期間にわたって安定しており、幼児期から児童期にかけての遊びの内容や行動の仕方に影響を与え続け、性格形成の基盤となっていく。

　気質の違いは、親子関係のあり方にも大きな影響を及ぼす。チェスとトマス(Chess & Thomas)は、乳児の気質を「扱いやすいタイプ」「扱いにくいタイプ」「ウォームアップの遅いタイプ」の3種類に分類した[5]。「扱いやすいタイプ」

は、生理的リズムが規則的で気分的に安定している。見通しをもった育児を行いやすく、未熟な母親であっても世話のしやすいタイプである。それに対して、「扱いにくいタイプ」は、生理的リズムが不規則で新しいものに対して強い恐怖感を示し、なかなか慣れにくい。また、「ウォームアップの遅いタイプ」は、何をするにも時間がかかり、あまり活動的でないという特徴がある。「扱いにくいタイプ」と「ウォームアップの遅いタイプ」は、親が子どもの状態に全面的に合わせる育児を行わなければいけないことが多い。親にとっては見通しをもった育児を行うことが難しく、育てにくいという印象をもちやすくなる。そのため、育児に消極的になってしまう場合がある。

　同様に、親子関係のあり方に強い影響を与えているのが、親の**養育態度**である[6]。例を挙げると、親が子どもに対して支配的に振る舞えば、その子どもは自発性に乏しく、依存心が強くなる傾向がある。また、民主的な態度で子育てを行う親に育てられた子どもは、独立心が強く社交的であるという傾向が強くなる。このように、親の養育態度と子どもの気質の双方が親子関係のあり方に複雑に作用しているのであり、そのようにして作られた親子関係のあり方が、子どもの性格の発達に強く影響していくと考えられる。

　乳幼児期に養育者との間に形成される強い情緒的な絆のことを**愛着**という（第8章「幼児」を参照）。愛着は乳幼児の生存にとって不可欠であると同時にその後の精神発達の基盤となる重要なものであり、子どもが生まれてはじめて形成する親密な人間関係であるともいえる。その関係のあり方は、子どもの心の中に**内的ワーキングモデル**を形成する[7]。内的ワーキングモデルとは、"困ったことが起こって誰かに助けてもらいたいとき、どのような反応を他者から得られるか"についての予測や確信のことである。愛着の質の違いによって、子どもの心の中にはさまざまな内的ワーキングモデルが作られる。たとえば安定型の愛着を形成した子どもの場合、"困ったことがあれば必ず誰かが助けてくれる"という内容の内的ワーキングモデルが作られると考えられる。親以外の人間と関係を作っていく際に、子どもは内的ワーキングモデルに従って相手の反応を予測し、自分の行動を調整していく。つまり、愛着関係のあり方によっ

て、その後の性格の発達の方向性が影響を受けるといえるだろう。

　一般に、性格は青年期までに形作られ、それ以降はあまり変化することはないと考えられている。大学生の時期を指して、「人格形成の総仕上げの時期」などといわれることがあるのもその例であろう。青年期以降、とくに中年期から老年期にかけての性格の安定性については多くの研究が行われており、多くの場合、成人して以降は性格は変化することが少ないという結果が得られている[8]。

　青年期に達すると、自己に対する関心が高まり、自分はどういう人間なのか、どのように生きていくべきか、思い悩むことが多くなる。自分に関する知識のことを**自己概念**という（第11章「自己」を参照）。自己概念は、家族や友人といった他者とのかかわりの中で、自分自身の行いを振り返り、他者と自分を比較することなどを通して形成されていく。このようにして形成された自己概念は、単なる知識にとどまらず、個人の認知や行動にさまざまな影響を与えるものである。

　自己概念の性格に及ぼす影響力を示す例として、**自己確証過程**がある。自己確証過程とは、現在有している自己概念の内容に合うように、周囲の環境を整える過程のことである[9]。たとえば、"活発で行動力がある"という自己概念を有している者の場合、そのように他者に判断してもらえるような服装や髪形を装い、活発さや行動力が試されるような状況を自ら作り出す、といった行動をとることがある。これは、自分からも他者からも"活発で行動力がある"と評価できる環境を作り出すことによって自己概念を安定させる働きがあると考えられる。自己概念が性格を維持するともいえるだろう。自分にとって心地よい状況を追い求める、あるいは望んで自ら作り出すことによって、性格は安定し、維持されていくのかもしれない。

★ 性格を測る

　自分や他人の性格を詳しく理解するために、これまでさまざまな性格検査が

開発されてきた。すでに本文中でいくつかとりあげたが、その他の代表的な検査を二つ紹介する。

　MMPI（ミネソタ多面人格目録）は、研究や臨床的介入のために性格や現在の適応状態などを知る必要がある際に、頻繁に使用されてきた検査である。被検査者は、566個の質問項目に対してそれぞれ「はい」か「いいえ」で回答する。MMPIの大きな特徴は、精神的に健康な人とそうでない人を実際に区別できる質問項目を厳選して検査が構成されているという点にある。客観的な性格と心理状態の査定が可能な検査であり、コンピュータを用いた自動解釈システムも広く利用されている。また、MMPIは妥当性尺度を備えた最初の性格検査でもある。妥当性尺度とは、被検査者がどのような態度で検査を受けていたかを調べるために作られたもので、正直に回答していたか、自分を良く見せたいという思いから強がった回答をしていないか等をチェックし、信頼できる検査結果を得られるように工夫されている。

　インクを紙の上に適当に垂らしてでき上がった"しみ"が何に見えるかということから性格を探っていく検査が、**ロールシャッハ・テスト**である。図版は10枚あり、インクのしみはそれぞれ異なった形をしている（図7‐1）。人によ

図7‐1　ロールシャッハテストの実際の図版をもとに、筆者が作成した疑似図版

ってインクのしみはさまざまなものに見える。その"見え方"から、現実世界の認知の仕方、思考や体験様式の特徴等、性格のさまざまな側面と適応状態の良否を推定することができる。MMPIと並んで、広く使用されている性格検査である。しかし、ロールシャッハ・テストには厳しい批判の目も向けられており[10]、改良の試みが進められているところである。

ふりかえり

　性格を理解する代表的な理論に、（　A　）と（　B　）がある。現在の主流である（　B　）では、個人を構成する基本的な性格特徴を（　C　）とよび、その組み合わせで個人を理解しようとする。（　C　）の数については研究者の間でも意見が割れていたが、現在は5種類であるという（　D　）が広く受け入れられている（外向性、協調性、誠実性、神経症傾向、開放性）。

　生後間もない時期から観察される個人差を（　E　）といい、性格形成の基盤となる。（　E　）は親の（　F　）と相互に影響しあって、親子の間の愛着関係を形作っていく。その関係のあり方は、子どもの心の中に（　G　）を形成する。子どもは（　G　）に従って他者の反応を予測し、自分の行動を調整する。愛着関係のあり方によって性格発達の方向性が左右されるといえる。

　自分に関する知識である自己概念も、性格に大きく影響する。自己概念の内容に合うような状況を追い求めたり、自己概念にふさわしいような行動をとる過程のことを（　H　）という。自分にとって心地よい状況を追い求める、あるいは望んで自ら作り出すことによって、性格は安定し、維持されていくのかもしれない。

参考文献

1．FFPQ研究会（1998）.FFPQ（5因子性格検査）マニュアル　北大路書房
2．村上宣寛・村上千恵子（1999）.主要5因子性格検査の手引き　学芸図書
3．Fischer, H., Wik, G. & Fredrikson, M.（1997）. Extraversion, neuroticism and brain func-

---

ふりかえりの解答
　A：類型論　B：特性論　C：特性　D：ビッグファイブ　E：気質　F：養育態度
　G：内的ワーキングモデル　H：自己確証過程

tion: A PET study of personality.　*Personality and Individual Differences, 23*, 345 - 352.
4．Henderson, N. D.（1982）. Human behavior genetics.　*Annual Review of Psychology, 33*, 403 - 440.（手引き：プロミン,R.　安藤寿康・大木秀一（共訳）（1990／1994）遺伝と環境　－人間行動遺伝学入門－　培風館）
5．Chess, S., & Thomas, A.（1984）. *Origins and evolution of behavior disorders.* Bruner-Mazel.
6．詫摩武俊（1967）.性格はいかにつくられるか　岩波新書
7．Bowlby, J.（1973）. *Attachment and loss: Vol. 2. Separation.*　New York: Basic Books.（手引き：無藤隆・岩立京子（編著）（2003）.保育ライブラリ　子どもを知る　乳幼児心理学　北大路書房）
8．Costa, P. T., & McCrae, R. R.（1994）Set like plaster? Evidence for the stability of adult personality.　In Heatherton, T. F., & Weinberger, J. L.（Eds.）, *Can Personality Change?*　American Psychological Association.（手引き：鈴木乙史（1998）.性格形成と変化の心理学　ブレーン出版）
9．Swann, W. B. Jr.（1983）. Self-verification: Bringing social reality into harmony with the self.　In Suls, J. & Greenwald, A. G.（Eds.）, *Psychological Perspectives on the Self*, Vol. 2.　Erlbaum.
10．ウッド, J. M., ネゾースキ, M. T., リリエンフェルド, S. O., & ガーブ, H. N. 宮崎謙一（訳）（2003／2006）.ロールシャッハテストはまちがっている　－科学からの異議－　北大路書房
11．和田さゆり（1996）.性格表現用語を用いた Big Five 尺度の作成　心理学研究, 67,61- 67.

やってみよう：自己認知と他者認知の違い

　自分の性格を一番良く知っているのは誰なのだろうか。自分自身のことなのだから自分が一番良く知っているはずなのではあるが、家族や友人、先生や先輩から思いもよらなかった一面を指摘されたりして、喜んだりショックを受けたりすることは多い。あなたがとらえている自分自身の性格と、他者がとらえているあなたの性格は、どこがどのように同じで、どの程度異なっているのだろうか。
　次ページに示したいくつかの特性語[11]があなた自身にどの程度あてはまるかについて、自分、あなたのことをよく知っている他者（家族やつきあいの長い友人など）、あなたのことをあまりよく知らない他者（知り合って間もない友人など）による評定を行ってみよう。三者の評定値を比較することで、あなたが実際にはどのような性格だ

と判断されやすい行動を日頃からとっているか、あなた自身を振り返るきっかけが得られるかもしれない。

	当てはまらない	やや当てはまらない	どちらとも言えない	やや当てはまる	当てはまる
（記入例）"やや当てはまるなら…"						
0．おとなしい	…… 1	－ 2	－ 3	－④	－ 5
1．積極的な	…… 1	－ 2	－ 3	－ 4	－ 5
2．気苦労の多い	…… 1	－ 2	－ 3	－ 4	－ 5
3．好奇心が強い	…… 1	－ 2	－ 3	－ 4	－ 5
4．いい加減な	…… 1	－ 2	－ 3	－ 4	－ 5
5．温和な	…… 1	－ 2	－ 3	－ 4	－ 5
6．無口な	…… 1	－ 2	－ 3	－ 4	－ 5
7．不安になりやすい	…… 1	－ 2	－ 3	－ 4	－ 5
8．頭の回転の速い	…… 1	－ 2	－ 3	－ 4	－ 5
9．几帳面な	…… 1	－ 2	－ 3	－ 4	－ 5
10．素直な	…… 1	－ 2	－ 3	－ 4	－ 5

Chapter 8 幼児
―人間らしくなる―

★ 認知・感情・行動の発達

　誕生から死に至るまでの間に人間の心理は、乳幼児期、児童期、青年期（第9章「青年」を参照）、成人期、老年期（第10章「老年」を参照）という段階を経て成長を遂げていく。なかでも本章でとりあげる乳幼児期は、心身ともにもっとも発達が著しく、後の発達にも影響を及ぼす時期である。ここでは乳幼児期の認知行動の特性を年齢ごとにみていこう。

　0、1歳の乳児期は身のまわりの世界を知るために必要な感覚の働きが未成熟な時期である。この時期は主に養育者との心身の相互作用によって認知行動を発達させる。とくに養育者との眼差しのやりとりが重要な役割を果たし、乳児の視力は成人に比べてずっと乏しいにもかかわらず、乳児は養育者の顔を識別するだけでなく自分を見つめる顔を好んで見るのである[1,2]。さらに生後3カ月になると、養育者が向ける視線の先に注意を向け、その先の対象物に興味を移すようになる[3]。養育者はこうした赤ちゃんの習性を利用してことばを教えていく。養育者に対して赤ちゃんが注意を向けると、養育者は「ほらほら、これ見てごらん」などと言っておもちゃに赤ちゃんの注意を移させ、「これかわいいねえ」と話しかけることがある。赤ちゃんは養育者と注意を共有し、注意の対象となっている物について話かけられることによって、物の名前や物事の様子を表す言葉を学んでいくのである。

　1歳前後になると、子どもは他者の表情を参照して自分の行動をコントロールするようになる（社会的参照）。ソース（Source, J. F.）らは視覚的断崖とよば

れる実験装置を用いて12カ月児の社会的参照を確認している。高いところに丈夫で透明なガラス板を渡し、乳児がそこをわたるかどうかを見る実験である。乳児は自分の下に見える深い段差の向こう側で親が喜びの表情をしていると、そのほとんどが渡したガラス板を歩いて親の側に向かっていった。ところが、親が恐怖や怒りの表情をしていると、乳児は段差の上を踏み出そうとしなかったのである。つまり、12カ月の子どもは親の表情を区別できるだけでなく、その表情がもつ意味を理解しているというわけである[4]。

 2歳以降の幼児期に入ると子どもは目の前に存在しない物事をイメージするようになり、自分や事物を何かに見立てるごっこ遊びを始める。ピアジェ(Piaget, J.)はこの時期の認知機能を特徴づける性質として**自己中心性**を挙げている。ピアジェらは、三つの山が並ぶ模型を見せ、自分の反対側から見たときの景観を推測させた。その結果、この時期の子どもには他者の視点に立ったイメージを思い描くこと(**視点取得**)が難しく、自分の反対側でも自分が見ている景観と同じものが見えていると反応することを確かめた(ただし後の研究では、課題を工夫すれば3、4歳の子どもでも他者の視点を正確にイメージできることが示されている)[5]。

 幼児期の自己中心性は視覚的な視点取得よりも社会的な視点取得に強く現れるようである。社会的な視点取得とは言いかえれば他者の心の状態を推し測り理解することである。3、4歳の幼児は他者の心の状態が自分と異なる場合があることを理解せず、他者も自分と同じ心の状態であると考えやすい。こうした誤りは3、4歳を過ぎると改善され、次第に他者の心理を正確に判断できるようになっていく[5]。このような他者の心理を理解する能力は**心の理論**とよばれ、現在の認知発達研究の主要なテーマのひとつとなっている。

★ 愛　　着

 次に、親しい他者とのかかわり方の発達についてみてみよう。乳児は出生後数時間で微笑みを見せる。この笑みは反射行動に近いもので**自発的微笑**とよば

れている。乳児が微笑をすると、養育者が喜んで微笑み返す光景を目にしたことがあるだろう。乳児は何かをおかしいと思ったり、好きな人に対して微笑んでいるわけではないのだが、この自動的な微笑が養育者の働きかけを促し、乳児の人とのかかわりの起源となるのである。

　人の声や顔に反応する**社会的微笑**が見られるのは生後1カ月ほどたってからである。最初のうちは誰に対しても微笑みを見せるが、生後2、3カ月までには親しみのある人とそうでない人を区別できるようになり、社会的微笑も養育者に対して示すようになる。そしてこの生後3カ月という時期は、眼差しを交わす、声を交わす、泣くとあやされるといった**母子相互作用**が確立される時期にもなっている。

　母子相互作用を通して親子の絆が深まると、生後7カ月には親から引き離されることへの抵抗（**分離不安**）が現れる。養育者への**愛着**（アタッチメント）の萌芽である。養育者からの分離に抵抗するのは、養育者の力を借りずに生きていくことができない子どもにとっては妥当な行動といえるが、愛着行動は食欲などの生理的欲求を満たすためだけに生じるわけではない。サルの愛着行動を調べたハーロウの代理母実験は、生まれて間もないサルが、授乳器をつけた針金製の母親模型よりも、授乳器がなくとも肌触りのいい布製の模型の方を好んでしがみつくことを明らかにした[4]。つまり、やすらぎや安心感を求めることが愛着行動の目的となっているというわけである。

　また、生後6、7カ月には、養育者への後追いや接触などの愛着行動が現れ、それまで単なる興味の対象であった見知らぬ人の存在は恐怖をもたらすものへと移り変わっていく[6]。見知らぬ人への恐れは9カ月前後にもっとも強くなり、その一方で養育者は探索行動のための安全な拠り所として利用され始める。物でも人でも新奇なものを見つけると子どもはそれに近づいて探索行動を行おうとするが、不安や恐怖を感じたときには養育者にしがみつく。このように、養育者は子どもにとっての安全基地、避難所となり、必要なときにはいつでも保護してもらえる存在として期待されるのである。そして、3歳になると愛着行動はかなり減少し、養育者の一時的な不在にも耐えられるようになっていく。

こうした愛着行動には個人差が見られる。親との分離や見知らぬ人の接近を経験する新規場面実験（ストレンジシチュエーション法）からアタッチメントのタイプが次のように分類されている。安定型の子どもは分離時に多少泣いたりするが、親との再会場面では喜んで接触を求める。回避型は分離時に混乱を示さず、再開場面でも親との接触を求めない。アンビバレント型は分離時に激しく泣き、再開場面では親を迎えつつも接触を拒絶するなど不安定な態度を見せる。そして、このような愛着の個人差が現れるのは、養育者の子どもに対するかかわり方や子どもが発するシグナルへの感度が要因となっている。安定型の子どもの親は子どものシグナルに敏感で受容的に反応するが、回避型の親は全般的に子どものはたらきかけに対して拒否的に振る舞う。一方、アンビバレント型の親は子どもへのかかわりが不適切で一貫性がないといわれている[7]。

3、4歳になると、子どもは他者の複雑な感情を理解できるようになり、共感性を発達させる。この時期の共感は他者感情の理解にとどまらず、子どもは自分の感情を相手の感情に共鳴させ、泣いている子をなぐさめるといった**向社会的行動**を示すのである[8]。この共感性の発達には個人差が認められ、愛着行動のタイプとの関係が指摘されてきた。たとえば、安定型の子どもは非安定型の子どもより感情の理解に優れるということや、1歳時の愛着行動がその5年後の6歳時の感情理解に影響を及ぼすといったことが確かめられている[9,10]。

★ 発 達 障 害

個人差の範囲をこえて心理発達がとどこおる状態を発達障害という。最近とくに注目されているのが**学習障害、注意欠陥／多動性障害（ADHD）、広汎性発達障害**である[11]。学習障害は、全般的な知的発達に遅れはないが、聞く、話す、読む、書く、計算または推論する能力のうちいずれかの修得に著しい困難を示すものである。注意欠陥／多動性障害をもつ子どもは、ひとつの活動に注意を持続できないため他の刺激に注意がそらされやすく、落ち着いてじっとしていることができずに思いついたことをすぐにやってしまったりするなどの不適応

症状を示す。広汎性発達障害は自閉傾向を示す障害の総称であり、幼児期に症状が目立つようになることが多い。

広汎性発達障害の特徴には、①視線が合わない、愛着行動が見られない、感情をうまく表出できない、他者の感情を理解できないといった対人相互性の質的障害、②言葉の遅れやオウム返しがあるなどのコミュニケーションの質的障害、③ずっと手をひらひらさせ続けたりするような常同行為、④スケジュールや物の配置に固執したりするなどの独特のこだわりがある。乳児期にはこれらの症状ははっきりと現れないため、おとなしくて手がかからなかったと親が回顧するケースが多い。幼児期になると、ひとり遊びが多く、呼んでも振り向かない、オウム返しをするなどの症状が現れ始める。

広汎性発達障害には知的障害をともなうものとともなわないものがあり、とくに知的障害をともなわないものを**高機能自閉症**、もしくは**アスペルガー症候群**とよび、知的障害をともなうものを**自閉症**とよぶ。高機能自閉症は知的障害がないため、一見するとなんの障害もないように見えてしまう。その一方で、他人を傷つけるようなことを言ったり、思うようにいかないとかんしゃくを起こしたりするため「自分勝手でわがままな子ども」と誤解されることが多い。また、自閉症について正しい知識がない親は、自分の育て方が悪いのではと苦悩することがあるが、自閉症は先天性の器質障害なので親の育て方とは関係はない。バロン＝コーエン（Baron - Cohen, S.）は、自閉症児が相手の気持ちの理解を苦手とするのは、先に述べた心の理論を司る機能に障害があるためだと説明している[12]。

ふりかえり

生後間もない乳児は視力が乏しいにもかかわらず、養育者の顔を識別する。生後3カ月になると、養育者が向ける（　A　）の先に注意を向け、その先の対象物に興味を移すようになる。養育者はこうした赤ちゃんの習性を利用して言葉を教えていく。幼児期の子どもは他者の視点に立ったイメージを思い描くことが難しい。そ

うした認知機能の性質は（　B　）性が背景にあるとされている。また、幼児は（　C　）を持たないため、他者の心が自分の心の状態と同じであると考えやすい。乳児が出生後数時間で見せる微笑みは（　D　）とよばれている。（　D　）は反射的な行動であるが、生後1ヵ月ほどたつと人の声や顔に反応する（　E　）が見られるようになる。その後、乳児が泣くと親があやすといった（　F　）を通して親子の絆が深まり、養育者への（　G　）が芽生えると、親から離れることへの抵抗が現れ始める。聞く、話す、読むといった能力のうちいずれかの修得に著しい困難を示す障害を（　H　）とよぶ。（　I　）は、ひとつの活動に集中できず、じっとしていられないなどの不適応症状を示す。（　J　）は自閉傾向を示す障害の総称であり、（　C　）を司る機能の障害だという見解もある。

参考文献

1. 山口真美（2003）.赤ちゃんは顔をよむ－視覚と心の発達学　紀伊國屋書店
2. Farroni, T., Csibra, G., Simion, F., & Johnson, M. H.（2002）. Eye contact detection in humans from birth. *Proceedings of the National Academy of Sciences*, U. S. A., 99, 9602-9605.
3. Hood, B. M., Willen, J. D., & Driver, J.（1998）. Adult's eyes trigger shifts of visual attention in human infants. *Psychological Science*, 9, 53-56.
4. 繁多進（編）（1999）.乳幼児発達心理学－子供がわかる　好きになる　福村出版
5. 杉村伸一郎・坂田陽子（編）（2004）.実験で学ぶ発達心理学　ナカニシヤ出版
6. H. R. シャファー（著）無藤隆・佐藤恵理子（訳）（2001）.子どもの養育に心理学がいえること　新曜社
7. 遠藤利彦（編）（2005）.心理学の新しいかたち6　発達心理学の新しいかたち　誠信書房
8. 井上健治・久保ゆかり（編）（1997）.子どもの社会的発達　東京大学出版会
9. Steele, H., Steele, M., Croft, C., & Fonagy, P.（1999）. Infant-mother attachment at one year predicts children's understanding of mixed emotions at six years. *Social Development*, 8, 161-178.
10. Laible, D. J., & Thompson, R. A.（1998）. Attachment and emotional understanding in

---

ふりかえりの解答
A：視線　B：自己中心　C：心の理論　D：自発的微笑　E：社会的微笑
F：母子相互作用　G：愛着(アタッチメント)　H：学習障害
I：注意欠陥／多動性障害(ADHD)　J：広汎性発達障害

preschool children. *Developmental Psychology*, 34, 1038 - 1045.
11. 長崎勤・古澤賴雄・藤田継道（編著）(2002)．シリーズ／臨床発達心理学1　臨床発達心理学概論－発達支援の理論と実際　ミネルヴァ書房
12. 子安増生 (2000)．心の理論－心を読む心の科学　岩波書店
13. Perner, J., Leekam, S., & Wimmer, H. (1987). Three-year-olds' difficulty understanding false belief : Cognitive limitation, lack of knowledge, or pragmatic misunderstanding. *British Journal of Developmental Psychology*, 5, 125 - 137.

やってみよう：誤信念課題

　お菓子の空き箱にクレヨンを入れたものと袋につめたクマのぬいぐるみを準備する。子どもに「この箱には何が入ってるかな？」とたずねれば、お菓子の銘柄か「お菓子」と答えるだろう。そこで箱の中がクレヨンであることを確認させる。クレヨンを箱にしまって箱を閉じ、今度は袋からぬいぐるみを取り出す。「クマさんはこの箱を見ていませんね。クマさんに『箱の中に何が入ってる？』と聞いたら何て答えるかな？」と質問をする。おそらく大半の子どもは「クレヨン」と誤って答えるであろう。

　これはスマーティ課題と呼ばれる課題[13]で、心の理論をもっているかどうかを確かめることができる実験方法である（『スマーティ』はアメリカのチョコレート菓子の名前である）。もし、子どもがすでに心の理論をもっていて、他者の視点を推測できるようになっているならば、箱の中身を知らない他者（この場合はクマのぬいぐるみ）は、箱の絵柄から中身を推測するため答を間違えるだろうと考えることができる。人間はだいたい4歳ごろになると心の理論をもつようになると考えられていることから、4歳よりも幼い子どもにこの実験をすると、他者の視点を推測することができず、箱の中身を知らされていない他者も自分と同じように正しい事実（クレヨンが入っていること）を答えると思ってしまうのである。3歳未満の子どもたちと4～6歳の子どもたちにこの課題を行って、心の理論が獲得される年齢を確認してみよう。

Chapter 9 青年
—"子ども"から"大人"へ—

★ アイデンティティの発達

　青年期は、「子ども」から「大人」へと変わっていく時期である。具体的な年齢についてはさまざまな意見があるが、おおむね青年期は**第二次性徴**の発現によって始まり、25歳前後まで続くと考えられている。青年期は、身体的にも心理的にも急激な変化が次々と生じ、動揺や混乱を体験しやすい。しかし、それはその後に続く成人期を迎えるにあたって、羅針盤の役割を果たす大切な体験でもある。

　男子は中学校に入学した頃から、女子は小学校の高学年頃から、第二次性徴が始まる。陰毛が生え始め、性器が発達し、身長と体重が増加して体格が大きく変化し、大人の体に近づいていく。これらの身体に表れる変化は2～3年の間に急激に進んでいくことから、自分の体の変化について大きな戸惑いを覚える者も少なくない（表9-1）。とくに、女子の場合は自分の体の変化に強い抵抗を感じる者が多いようである。ただ、第二次性徴の発現と進行には大きな個人差がある。たとえば、同じ中学3年生であっても、ほとんど大人と同じよ

表9-1　性的成熟の受けとめ方（清水[1]より引用）

(%)

	男子 変声	男子 発毛	男子 精通	女子 乳房	女子 発毛	女子 初潮
大人になれて、とてもうれしかった	2.9	4.4	2.5	11.6	7.0	15.7
大人になる上で当たり前だと思った	26.1	37.8	47.5	17.4	15.5	20.0
別に何とも思わなかった	56.5	34.4	30.0	58.0	38.0	18.6
嫌だったが、しかたないと思った	10.1	18.9	12.5	11.6	31.0	38.6
とても嫌で、出来ればそうなってほしくないと思った	4.3	4.4	7.5	1.4	8.5	7.1

うな体格をしている者もいれば、小学生と見間違えられる者もいる。そのため、自分の体つきの変化は正常なものなのだろうか、どうして自分は他の者に比べて成長が早い／遅いのか等、自分の体の変化についてどうしても関心が向かってしまうことになる。

また、第二次性徴が始まって体格が「大人」らしく変化してくると、家庭や学校、地域の大人たちの対応もそれまでとは大きく異なってくる。たとえば、学校では学習においてもクラス活動においても主体的に行動することが強く求められたりするようになる。すなわち、周囲の大人たちの態度が、「大人」としての自立を促すようなものに変化していくのである。

このように、青年期に達した者たちは“「子ども」ではなくなりつつある自分”を事あるごとに痛感させられることになる。自分の体、自分の容姿、自分の能力、自分の行動など、第二次性徴をきっかけとして以前の自分とはさまざまな点で急速に変わっていく自分自身をうまくとらえきれず、「自分はいったい何なんだろう？」とか、「自分はいったい何がしたいのだろう？」というような疑問を何度も心に抱いて、自分なりに答を見つけようと悪戦苦闘することになる。それを反映して、青年期は自分自身に不満を抱く者が多く、自己受容が困難であり、強い劣等感に苛まれる者も少なくない。

このような自己をめぐる混乱状態を収拾し、“「大人」としての自分”を確立することが、青年期に課せられた大きな**発達課題**である。発達課題とは、ある年代の者たちがその時期の間に乗り越えることが求められるもので、たとえば幼児期の場合は、基本的な生活習慣の形成や母国語の習得などが挙げられる。幼児期が終わるまでにこれらの発達課題を乗り越えておかないと、その後に続く児童期に家庭や学校でさまざまな苦労をすることになりかねない。青年期の間に解決しておくことが望ましい重要な発達課題のひとつが、「**アイデンティティの確立vs.拡散**」である[2]。**アイデンティティ**（自己同一性）とは、自分で自分自身のことをしっかりと把握しており、「自分とは何か」、「自分は何をしたいのか」といった疑問に明確な答を自信をもって用意できることを表す。これは、社会の中に自分をどのように位置づけるか、という問題とも関連する。ま

もなく「大人」として社会に出ていくにあたって、自分はどのような役割を担いたいのか、どのような役割を担えるのか。これらの問に自信をもって回答できるようになったとき、アイデンティティが確立したといえる。

青年期の間にアイデンティティを確立することによって、その後の人生の方向が決まる。たとえば、"自分は教えることが好きだから教師になりたい"と思う者は、その実現に向けて大学の教育学部を志望し、入学した後は積極的に授業に参加する一方で家庭教師や学習塾講師のアルバイトなども行い、少しでも夢に近づこうとするだろう。それに対して、アイデンティティを確立していない者は、教育学部に入ったとしてもほとんど授業に出席せず、給料や労働条件の良さを基準に選んだアルバイトの方ばかりに精を出すことになるかもしれない。"教師になりたい自分"、"教師として生きていきたい自分"というアイデンティティが、日常の行動を方向づける指針となるのである。

しかし多くの青年にとって、アイデンティティの確立は容易にできることではない。そのため、青年期には一人前の「大人」としての役割を猶予される側面がある。これを**モラトリアム**といい、その間はいろいろな活動に身を投じたり、さまざまな人たちと交流して多様な価値観や意見にふれるなど、自分自身を見極めるために試行錯誤を繰り返すことができる。そうした体験を通して、自分はどういう人間で、自分にはどのような能力があって、自分は何がしたいのか、その答が少しずつみえてくると考えられる。

ただ、中にはほとんど悩んだりすることなくアイデンティティを確立させてしまう場合がある。これは**早期完了**とよばれ、周囲の大人から期待されるままになんらかの役割を引き受けてしまった状態である。

アイデンティティが確立されず、自分のことがよくわからずに困惑してしまっている状態が、**アイデンティティ拡散**である。この状態に陥ってしまうと、自分の将来像が描けない、何をしても無駄なように感じる、何にも興味が湧かず引きこもってしまうといった問題が現れることがある。アイデンティティという自分の行動を方向づける指針を見つけられないため、完全に道に迷って途方に暮れている状態である。

モラトリアム、早期完了、アイデンティティ拡散はいずれもアイデンティティの確立という発達課題の達成状況を表しており、**同一性地位**とよばれる。表9-2に示したように、同一性地位は安定しているものではない[3]。たとえば、自分のことがわからないアイデンティティ拡散状態にあった者があることがきっかけでなんらかの活動に興味を示したり、モラトリアム状態にあって試行錯誤を繰り返していく中から自分自身を深く理解して将来の目標がみえてきたりすることがある。これらは、アイデンティティ拡散からモラトリアムへ、モラトリアムからアイデンティティ確立へと同一性地位が変動したことを表している。場合によっては、アイデンティティ確立からアイデンティティ拡散へと変動することもありうる。自分自身のことを深くわかっていたつもりであっても、自分の価値観を覆すような体験をしたり、大きな挫折を味わったりして、確立していたはずのアイデンティティが揺らいでしまうことは、決して珍しいことではないのである。

★ 青年期の友人関係

　アイデンティティの確立という発達課題は一度果たしてしまえば終わりというものではなく、何度も修正ややり直しを行いながら、青年期の間を通して取りくみ続けることになるものである。それでは、アイデンティティの形成には何が影響しているのだろうか。家族からの期待、学校や地域社会での体験など、さまざまな要因がアイデンティティの形成に関与していると考えられるが、中

表9-2　同一性地位の安定性（松田[4]より引用）

		学生時の同一性地位			
		アイデンティティ確立 (N=7)	モラトリアム (N=7)	早期完了 (N=9)	アイデンティティ拡散 (N=7)
同一性地位6年後の	アイデンティティ確立	3	3	0	1
	モラトリアム	0	0	2	0
	早期完了	3	2	3	0
	早期完了／拡散	1	0	4	2
	アイデンティティ拡散	0	2	0	4

「早期完了／拡散」は、早期完了型だけれども親の価値観を取り入れる傾向の弱まった場合と、拡散型だけれども親の価値観を取り入れるようになった場合を含む。

でも友人関係の影響力は非常に大きなものがある。

青年期の友人関係の重要性に異議を唱える者は少ないだろう。青年期の友情を主題に据えた小説や映画は数多く製作されているし、青年期に知りあった友だちを大切にして大人になってもずっとつきあいが続いているという者も多い。

一般に友人関係から得ることができるものとして、①対人関係の作り方について学ぶ、②落ち着きや安心感を得る、③自分自身を知る、の3点が挙げられる[5]。はじめはただの他人だった者となんらかのきっかけで知りあい、仲良くなっていく際に、どのようなことに注意し、どのような振る舞いをすればよいのか。「親－子」、「教師－生徒」といったタテの関係とは異なり、友人関係は対等な人間関係である。当然、親や教師に対する場合とは違った振る舞いが必要になる。友人関係は、それを学ぶ絶好の機会として機能しているのである。また、何か困ったことや悩みごとがあるとき、友人は相談に乗ってくれたり慰めてくれたりするだろう。友人が自分を助けてくれるという安心感は、ただでさえ不安定になりがちな青年の心理状態を安定させるはたらきがあると考えられる。

友人関係のあり方には、男女の間で明確な違いがあるといわれている[6]。男子は、気のあう仲間同士で一緒に活動することを好む。同じ遊び、同じゲーム、同じスポーツなどに興じることを通して友情を確認しあうのである。それに対して、女子の場合は安心してすべてを語りあえる関係を作ることに関心をもつ。秘密を共有したり、悩みを相談しあうことで友情を育んでいくのである（図9－1）。男女どちらの場合も、このような友人とのかかわりのあり方が、自分自身を知ることにつながっていく。友人と自分自身を比較したり、友人をモデルや目標とすることで自分にはないものを身につけようとすることもある。アイデンティティを確立するにあたって、友人の存在が自分自身の姿を映し出す鏡の役割を果たしているのである。

青年期になると、小さな友人関係を越えた大きな仲間集団で行動することも増えてくる。集団には構成員同士の類似性を高める働きがある（第13章「集団」を参照）。ある集団に加わると、その集団の構成員らしく行動しなければいけ

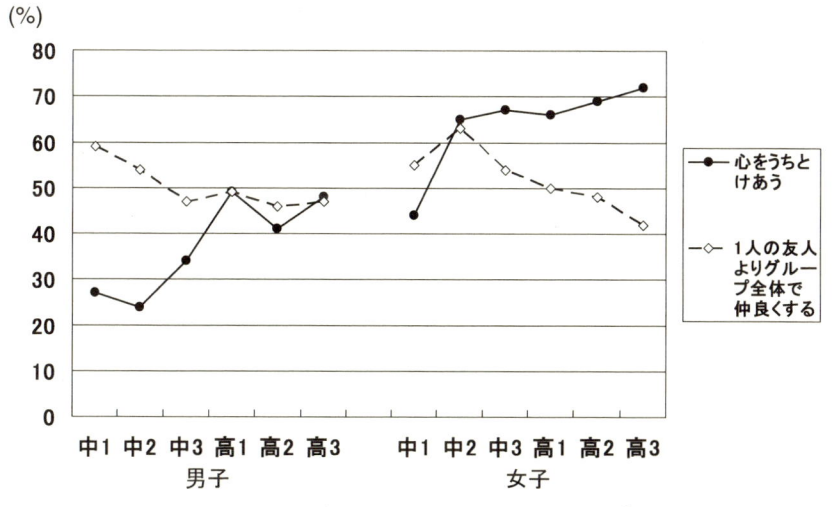

図9-1　学年別にみた中学生・高校生の友人づきあい（相良[7]より引用）

ないという圧力がかかってくる。これを受け入れて集団の構成員らしく振る舞うことにより、新入者はその集団の一員として認めてもらえる。とくに青年期の中頃は、仲間から認めてもらいたいという欲求が強い時期でもある。自分がどの集団に所属するかによって、自分のあり方、ひいてはアイデンティティの内容が左右されるともいえる。

このように、親密な友人関係やなんらかの集団に所属したりすることは青年の心理的発達にとって非常に重要であると考えられる。しかし、その友人関係が思わぬ苦痛をもたらす場合もある。たとえば、青年期に頻発する人間関係上のトラブルでもっとも深刻なものとして繰り返し指摘されているものに、いじめがある。いじめはクラスや部活などの集団の中で生じる現象である。いじめが発生している集団の中には、加害生徒と被害生徒の他に、**傍観者**とよばれる一群が存在する[8]。彼らはいじめには加わらないが、とめに入ることもしない。加害生徒のいじめを黙認しているのであり、結果としていじめを助長してしまう。このため、被害生徒にとっては集団の構成員すべてが自分に敵対的であるかのように感じられ、いじめを受けたという体験は被害生徒のその後の発達に深刻な悪影響を及ぼす場合がある。大学生を対象に実施した調査[9]からは、過

去にいじめを苦痛に感じていた者ほど自分に自信がもてなくなって人間関係に消極的になり、さまざまな活動に参加する意欲が減退してしまう、という結果が得られている。このように、青年期の友人関係には、正負のどちらの側面もあるのである。

★ 職 業 選 択

　アイデンティティがしっかりと確立されると、人生の方向が定まり、社会の中でどのような役割を引き受けるか、すなわちどのような職業に就くかの希望も絞られてくる。職業を選ぶ際に重視する点としては、仕事内容や収入、労働や通勤に要する時間などいろいろあると思われるが、内閣府の調査によれば、青年が仕事に求めているものは「やりがい」である[10]。自分の希望した職業に就き、そこで自分の能力や技能をいかして、社会の一員として日々働くことに喜びを感じる。すなわち、アイデンティティと合致した職業に就くことによって、自分をいかしていきたいと考える青年たちが多いといえるだろう。

　しかし、実際には青年期の間にアイデンティティを確立することは難しい[11]。就職して社会に出た当初は、アイデンティティは未だ不安定であるが、職業人として働きながらその仕事に充実感ややりがいを感じるという体験を重ねることで、アイデンティティはより強固なものになっていくのかもしれない。これは裏返して考えれば、職業に就くことができなかった場合はアイデンティティの形成に悪影響が表れるかもしれないということでもある。

　近年フリーターやニートとよばれる人たちの増加が社会的な関心を集めているが、その中には「やりたいことがわからない」「自分が何に向いているかわからない」という者が少なからず存在する[12]。彼らはアイデンティティ拡散状態にある可能性が高いと考えられるが、無目的に日々を過ごしていることから、なかなか将来を切り開くことが難しい。

　アイデンティティとは、現在の自分は過去の自分をもとに形作られたものであり、未来の自分を形作るのは現在の自分であるという連続性の感覚をともな

うものでもある。白井[13]は、自分の将来を考える際、過去を通して未来を構想することを推奨している。「大人になったら何になりたいか」を小さい頃から順に思い出すことで、自分がどんな想いを大切にしてきたかがわかると、その先に将来がみえてくる。人生に迷ったときには、連続性の感覚を取り戻すことからアイデンティティを明確にしていくというのもひとつの解決策なのかもしれない。

★☆★☆★☆★☆ ふりかえり ☆★☆★☆★☆★

　（　A　）は（　B　）の発現によって始まり、25歳前後まで続く。（　B　）によって身体は大人のそれへと急速に変化していき、それにともなって周囲の大人たちの接し方も変化してくる。さまざまな点で以前の自分とは異なっていく自分自身をうまくとらえきれず、（　A　）は自分を受け入れられずに悩み苦しむことの多い時期でもある。

　（　A　）の重要な（　C　）として、（　D　）の確立がある。（　D　）とは、「自分とは何か」、「自分は何をしたいのか」といった疑問に明確な答を自信をもって用意できることを表し、日常の行動を方向づける指針となるものである。しかし、（　D　）の確立は簡単に成し遂げられるものではない。そのため、（　A　）には一人前の「大人」としての役割を猶予される側面がある。これを（　E　）といい、その間は自分自身を見極めるために試行錯誤を繰り返すことができる。ただ、中には（　F　）といってほとんど悩まずに（　D　）を確立させてしまう場合もある。自分のことがよくわからずに困惑してしまっている状態が（　G　）であり、フリーターやニートとよばれる人たちの中には、この状態にあてはまる者が少なからず存在すると考えられる。

　（　E　）、（　F　）、（　G　）はいずれも（　D　）の確立の度合いを表すものであり、（　H　）とよばれる。（　H　）は決して安定しているものではないため、（　D　）の確立という（　C　）は、（　A　）の間を通して取りくみ続けることになるものである。

　　ふりかえりの解答
　A：青年期　B：第二次性徴　C：発達課題　D：アイデンティティ（自己同一性）
　E：モラトリアム　F：早期完了　G：アイデンティティ拡散　H：同一性地位

参考文献

1. 清水弘司（2004）．自分の身体の変化へのとまどい　無藤隆・岡本祐子・大坪治彦（編）よくわかる発達心理学　ミネルヴァ書房　pp. 106 - 107.
2. Erikson, E. H.（1968）Identity: *Youth and crisis*.　NewYork: Norton.（手引き：クローガー, J.　榎本博明編訳（2000／2005）アイデンティティの発達　－青年期から成人期－　北大路書房）
3. Marcia, J. E.（1976）Identity six years after : A follow-up study.　*Journal of Youth and Adolescence*, 5, 145 - 160.
4. 松田惺（1997）．青年期の自己形成　鈴木康平・松田惺（編）新版現代青年心理学　有斐閣　pp. 58 - 70.
5. 浦上昌則（2004）．友人ができる子、できない子　無藤隆・岡本祐子・大坪治彦（編）よくわかる発達心理学　ミネルヴァ書房　pp. 102 - 103.
6. コールマン, J. & ヘンドリー, L. B.　白井利明（他訳）（1999／2003）．青年期の本質　ミネルヴァ書房
7. 相良順子（2004）．男の子女の子の違い　無藤隆・岡本祐子・大坪治彦（編）よくわかる発達心理学　ミネルヴァ書房　p. 110.
8. 森田洋司・清永賢二（1994）．新訂版　いじめ　－教室の病い－　金子書房
9. 坂西友秀（1995）．いじめが被害者に及ぼす長期的な影響および被害者の自己認知と他の被害者認知の差　社会心理学研究, 11, 105 - 115.
10. 内閣府（2001）．第2回青少年の生活と意識に関する基本調査　(http://www8.cao.go.jp/youth/kenkyu/seikatu2th/1_3.html)
11. Cramer, P.（1998）. Freshman to senior year: Af ollow-up study of identity, narcissism, and defense mechanisms. *Journal of Research in Personality*, 32, 156 - 172.
12. 玄田有史・曲沼美恵（2006）．ニート　フリーターでもなく失業者でもなく　幻冬舎文庫
13. 白井利明（2004）．将来どうやって生きるか　無藤隆・岡本祐子・大坪治彦（編）よくわかる発達心理学　ミネルヴァ書房　pp. 112 - 113.
14. 白井利明（2001）希望の心理学　－時間的展望をどうもつか－　講談社

やってみよう：過去を通して未来を構想する

　読者の中には、今まさにアイデンティティを模索している最中であるという方がいるだろう。毎日がつまらない、何をしていてもどこか空しく感じてしまう、自分が何をしたいのかよくわからない、将来の目標が見えない、といった想いを抱えて

いる場合、アイデンティティ拡散の状態にある可能性が高い。ここでは、アイデンティティの確立に向けた手がかりを得る方法のひとつとして、記憶の方向づけ機能を利用するやり方[14]を紹介する。

　過去に体験したさまざまな出来事に対して、自分がどのように感じ、どのように行動してきたのか。その積み重ねの上に現在の自分があり、現在の自分の振る舞いが未来の自分を決める。記憶が、現在の自分を通して未来の自分を方向づけていくのである。

　幼稚園、小学校、中学校、高校、そして現在と、あなたが魅力を感じた職業もしくはあこがれた人物について、その理由とともに下の表に書き出してみよう。すべての欄が埋まったら、それらに共通する特質やテーマについて考えてみよう。それがあなたが今までの人生の中で大切にしてきた想いである。その想いをこれからの人生の中でどのように実現していくのかを考え、実現に向けて行動することが、アイデンティティの確立にきっと役立つはずである。

	幼稚園／保育園	小学生	中学生	高校生	現在
あこがれた職業／人物（理由）					
共通する特質／テーマ					

★ やってみよう

Chapter 10 高齢者
―シニア世代の気持ち―

★ 老化への適応

　最初に読者の注意を喚起しておきたい。十人十色ということわざのとおり、人間は一人一人異なり、外観だけでなくその心理や行動においても大きな個性がみられる。そして一般に心理学とは、個々人の心理について研究する学問だと考えられているようである。しかし心理学は基本的に、個性豊かな個人の特性を研究することよりも、多くの個人の平均的な特性を明らかにしようとする。性格の研究などで個人の個性を問題にする場合でも、この平均的な特性を基準として考察を行うのである。本章で扱われる高齢者は幼児と同じく、青年期・中年期にある人々よりも個性の幅がずっと広い。したがって本章で述べられていることが、個々の高齢者にそのままあてはまると考えてはいけない。あくまでも平均的な高齢者の特性についての紹介であると理解していただきたい。

　さて、人間はある年齢になれば、老いを自覚させる出来事を経験する。それは顔のしわや白髪、視力の衰え、もの忘れ、疲れやすくなりまた疲れからの回復も遅くなったといった自分の中に生じた変化かもしれない。あるいは子どもの巣立ちや定年退職、友人知人との死別といった、自分を取り巻く世界の変化かもしれない。これらを契機として、もはやこれまでの自分ではない、自分はもう若くはないという意識が人々の中に芽生えるのである。

　しかし、人はただそれに打ちのめされてばかりはいない。さまざまな**喪失体験**を自分なりに克服し、老いに適応してゆくことができる。この老いへの適応の仕方はひとつではなく、いくつかのパターンが認められる。たとえば老いて

ますます盛んの言葉どおり、人生に積極的で社会にもどんどん出てゆき、他者と活発に交わることで充実した日々を過ごす人がいる一方で、逆に自分はもう役割を若い人たちに譲ったのだと、受け身的な生活態度で人に世話をしてもらって安楽に暮らすことで、**幸福な老い**を手に入れている人もいる。また中には、若い者には負けないとばかりに、あえて自分を忙しくさせて満足している人もある。読者はここで、最後のケースは果たして本当に適応している状態か疑問に思うかもしれない。これは、忙しさをいわば壁として老化という事実から目をそむけているのであり、真の満足とは違うのではないかと。

ここで登場する視点が**主観的幸福感**である。この考えでは、第三者の目から見た状況はあまり問題にせず、老いの事実に直面した本人が、それに対する自らの対処の結果に満足していれば、その人にとっての幸福な老いが達成されているとみなすのである。この考えに従えば、客観的に不適応型に分類されるラ

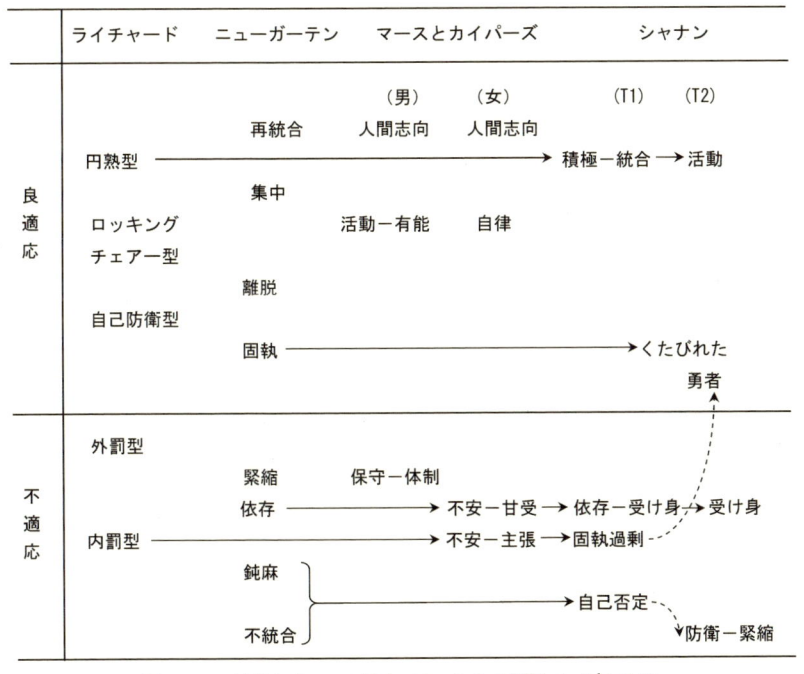

	ライチャード	ニューガーテン	マースとカイパーズ		シャナン	
			(男)	(女)	(T1)	(T2)
良適応	円熟型	再統合	人間志向	人間志向	積極－統合 → 活動	
	ロッキングチェアー型	集中	活動－有能	自律		
	自己防衛型	離脱				
		固執			くたびれた	
					勇者	
不適応	外罰型	緊縮	保守－体制			
	内罰型	依存			不安－甘受 → 依存－受け身 → 受け身	
					不安－主張 → 固執過剰	
		鈍麻			自己否定	
		不統合			防衛－緊縮	

図10-1　性格と老いへの適応パターンとの関係（下仲[1]を改変）

イフスタイルであっても、主観的に幸福を感じていれば適応状態にあるといえることになる。ニューガーテン（Neugarten, B. L.）やハヴィガースト（Havighurst, R. L.）らは、老いへの適応のパターンには、本人の性格、とくに中年期以降の性格が大きく影響することを明らかにしている（図10‐1）。

　一般に主観的幸福感は健康状態による影響をもっとも強く受けるとされるが、家族や友人といった身近で親しい人々の間で行う活動によっても上昇することが明らかとなっている。高齢者が周囲の人々にとってなんらかの役割を果たすことを期待されることは、高齢者の精神健康上非常に好ましい状況である。他者から必要とされていると感じることは、**生きがい感**を高めることにもつながる。

★ 孤独感と死の問題

　孤独と孤立は一見同じものを指す言葉のようだが、実際には大きく意味が異なる。前者が自分は他者から疎外されて一人ぼっちだという主観的な感じ方であるのに対して、後者は、他の人から物理的に隔たっている状況を意味する。したがって、一人暮らしの高齢者が必ずしも**孤独感**を抱いているとは限らないし、逆に家族と同居、あるいは施設で他の入所者や職員に囲まれて暮らしている高齢者がひどい孤独感に悩まされている場合もあるのだ。

　家族と同居している高齢者が孤独感を感じる主なケースとして、佐藤[2]は、(1)家族に頼ろうとしても、思うように応えてもらえない場合、(2)家庭内での上下関係や親孝行を当然としていた戦前の時代に育った高齢者と、個人を尊重する戦後の民主主義の風潮の中で育った家族の他のメンバーとの間の、親子や男女に対する考え方の違いによってジェネレーション・ギャップを感じる場合、(3)子どもに介護してもらうことに対して罪悪感をもち、家族に対して遠慮しがちとなる場合、の三つを指摘している。たとえ家族と一緒に住んでいても、その家族に頼りたくても頼れないという強い葛藤が生じた場合には、高齢者は孤独を感じてしまうようなのである。

一方で、家族と離れ、孤立に近い状況で生活していても、孤独感を感じていない高齢者は少なくない。一人暮らしでは、基本的に自分の身の回りのことを自分でやるため、周囲の環境を自分の力で統制できていると感じられることがその理由のひとつと考えられている。このような感情は、生きがい感とも強く関連しているとする研究もある。また一人暮らしのケースに限らず、家族以外に親しい友達をもっていることが、孤独感を大きく減らすのに役立つことも知られている。これは若い世代にもそのままあてはまることではあるが、高齢者にあってはより重要であるといえる。

　究極の孤独は死である。人はいずれ死ぬわけだが、われわれ比較的若い者の多くは、死はまだまだ先のことであるとして、自らの死を切実な問題として考えることは少ない。では死により近い存在である高齢者は、死の問題をどのようにとらえているのだろうか。

　高齢者を対象とした多くの調査によって、年齢とともに死の恐怖を訴える人の割合が減ってゆくことが明らかになっている。高齢者は死を怖れなくなるのである。しかし、決して若い頃からそうだったのではない。齢を重ねるごとに死の恐怖を克服してきたのである。

　高齢者に死の恐れへの適応を可能にさせているものとして、井上[3]は以下に述べる3つの可能性を指摘している。

　まず老化による恐怖感情の減少が挙げられる。人は歳をとれば若い頃より感情が穏やかになってゆくが、それは恐怖についてもあてはまる。しかしこればかりが原因ではない。

　死はやがて自分を襲う避けられない事実であることを正面から受けとめていることも指摘されなければならない。自らの死の問題に正面から向きあうことで、死をどう迎えたらよいか、また後に残される人々に対してどのように配慮すべきかという問題について、具体的に、そして現実的に考えることができるようになる。そのような心情の高齢者には、もはや死の恐怖に怖れおののく態度はみられない。もちろんこのようないわば悟りの境地は一朝一夕に達成されるものではない。

★ 孤独感と死の問題

また、死によって肉体は滅びても魂は不滅であるという思想をもつことで、死に対して怖れを抱かなくなる人々もいる。宗教を深く信仰することの他にも、自分の血が子どもや孫、子々孫々へと受け継がれてゆく・自分に関することが後々まで語り継がれてゆく・自分の造り出したものが死後も長く残ってゆく、といった考えをもつことで、「安心して死ねる」のである。高齢者の中には孫やひ孫を溺愛する人が少なくない。井上[3]は、自分の命を継いでくれるものへの思いが、高齢者にそのような行動をとらせるのではないかと推測している。

★ 老年期のセクシュアリティ

　性という言葉は、性器あるいは性行為に関することがらを想起させがちである。しかし高齢者の心理を性という観点から理解する場合、性をそのような狭い意味でなく、より広いものとしてとらえることが重要である。それが**セクシュアリティ**とよばれる概念である。

　セクシュアリティとは、直接的な性行動のみならず、異性の姿を眺めたり、異性と手をつないだりする行動、さらには異性への関心、愛情や思いやり、優しさといった感情をも含む、大変広い性の概念である。「その人が男であるか、女であるかに関するすべてである」と説明される場合もある。

　高齢であっても狭い意味での性的欲求や性的な関心が消滅するわけではない。1990年と1999－2000年に行われた実際の調査[4,5]でも、60歳以上の高齢者の少なからぬ割合が、性的な欲求や関心をもち続けているという結果となった。異性との交際を望む高齢者も多い。異性への関心や恋愛願望は、若者だけのものではないのである。

　しかし一方で、歳を重ねるにつれ、異性に対して求めるものが、直接性的欲求を満たすことから、精神的なつながり、すなわち愛情のある人間関係へと移ってゆくことも指摘しなければならない。高齢者の性を広くとらえることの意義はここにある。また上の調査によれば、この傾向はとくに女性において著しいという。性的活動や異性に対する関心、あるいは恋愛感情は男性の高齢者の

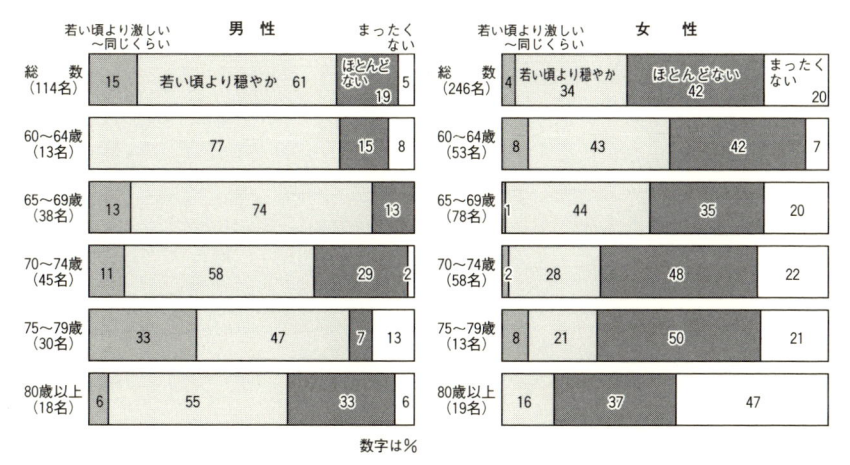

	男性					女性			
	若い頃より激しい〜同じくらい	若い頃より穏やか	ほとんどない	まったくない		若い頃より激しい〜同じくらい	若い頃より穏やか	ほとんどない	まったくない
総数(114名)	15	61	19	5	総数(246名)	4	34	42	20
60〜64歳(13名)		77	15	8	60〜64歳(53名)	8	43	42	7
65〜69歳(38名)	13	74		13	65〜69歳(78名)	1	44	35	20
70〜74歳(45名)	11	58	29	2	70〜74歳(58名)	2	28	48	22
75〜79歳(30名)	33	47	7	13	75〜79歳(13名)	8	21	50	21
80歳以上(18名)	6	55	33	6	80歳以上(19名)	16	37	47	

数字は%

図10-2　高齢者における異性を好きになる感情の強さ（荒木[4]を改変）

方が強いが、女性高齢者も異性への感情は失っていない。実際の行動では積極性は目立たないものの、心の中では男性の愛情に包まれたいと感じているのである。

　連帯感を強く感じる相手に対して、人は心を許す。そして心許せる人々の中で、自分の存在を確認し、精神的な安定を得、癒されるのである。小さな孫を溺愛するなど、高齢者は愛したがる存在と考えられているが、実は同時に愛されたがる存在でもあるのだ。

　老人ホームにおいて、男女の入居者が交流をもちやすいように部屋割りを工夫したところ、部屋の雰囲気が明るくなり、会話も増えたということが磯[6]により報告されている。男性は無精髭を剃るようになり、女性も化粧をするようになり、リハビリにも積極的に参加するようになった。異性の関心を惹きたい、異性と心の交流をしたい、連帯感をもちたいという気持ちから、生活に積極性が生まれたのであろう。そして自分のそのような行動に対して相手が好意的に反応するならば、大きな精神的満足感が得られ、男性・女性としての自信を強めることができる。そしてますますそのような行動を多く行うようになってゆく。このようにセクシュアリティは、日々を積極的に生きるためのエネルギーの重要な源泉のひとつとなるものである。

心がつながっていると感じる相手との間には、お互いを必要としているという意識とともに、お互いに必要とされているという意識が生まれる。これが自分という存在に対する自信を生じさせ、心の安らぎを与えるのだ。とすれば、これもまた前節で述べた死の恐れへの適応の手段のひとつとして考えられてよいものである。また自分が他者から必要とされているという意識と心の安らぎは、高齢者の生きがいとして特徴的であるともいう。したがって、井上[7]の指摘するように、老年期におけるセクシュアリティは、孤独と死の恐れに打ち勝ち、生きがい感を強めるための大きな手段といえる。

──────────── ✎ ふりかえり ────────────

　人は歳をとるとさまざまな（　A　）を繰り返すが、それらを自分なりに克服しつつ、老いに適応してゆける。この老いへの適応のパターンは何通りもあり、中には第三者の目から見て適応状態とは考えにくいケースもある。しかしそのような場合でも、高齢者本人が、老いの事実に対する自らの対処の結果に満足していれば、適応できているとみなすことができる。この観点を（　B　）という。

　孤立と（　C　）は言葉としては似ているが、意味は大きく異なる。前者が他の人から物理的に隔たっている状態を指すのに対して、後者は他者から心理的に隔てられ一人ぼっちだという主観的な感じ方を意味する。（　C　）感は、家族以外に（　D　）を持つことにより大きく減少するといわれる。

　高齢者の心理を性という観点から理解する場合、性を狭い意味でなく、異性への愛情や思いやり、優しさといった感情をも包括する広いものとしてとらえることが大事である。このような観点でとらえられた性を（　E　）とよぶ。異性の関心を惹きたい、異性と心のつながりをもちたいという気持ちは、日々の生活に積極性を与える。そして、心がつながっていると感じる相手との間には、お互いを必要としているという意識とともに、お互いに必要とされているという意識が生まれる。これが自分に対する自信を生じさせ、心の安らぎを与える。これが（　F　）のひとつとなり、さらには（　C　）や死への恐怖に打ち勝つ原動力ともなる。

───────────────────────────────
　　　ふりかえりの解答
　　A：喪失体験　B：主観的幸福感　C：孤独　D：親しい友人　E：セクシュアリティ
　　F：生きがい

参考文献

1. 下仲順子（1997）.老年期の適応　今田　寛・八木昭宏（監）　下仲順子（編）　現代心理学シリーズ14　老年心理学　培風館　pp. 77 - 89.
2. 佐藤眞一（1998）.老親を介護するこころ　発達　No. 73, vol. 19, 44 - 52.
3. 井上勝也（1993）.老人と終い　井上勝也・木村　周（編）　新版老年心理学　朝倉書店　pp. 195 - 208.
4. 荒木乳根子（1992）.老年期のセクシュアリティ　井上勝也・荒木乳根子（編）　現代のエスプリ　No. 301　老いと性　pp. 104 - 121.
5. 日本性科学会セクシュアリティ研究会（2002）.カラダと気持ち　ミドル・シニア版　三五館
6. 磯　典理（1992）.老人ホームにおける性　井上勝也・荒木乳根子（編）　現代のエスプリ　No. 301　老いと性　pp. 66 - 77.
7. 井上勝也（1989）.老年期の心　那須宗一（監）　一番ケ瀬康子・入来正躬・亀山正邦・長谷川和夫（編）　老年学事典　ミネルヴァ書房　pp. 140 - 148.

やってみよう：高齢者難聴の疑似体験

　人は歳をとると、さまざまな身体機能が低下する。聴力の低下もそのひとつである。聴力低下は30代から徐々に始まり、50歳を過ぎた頃から加速する。日常生活に支障をきたすほど聴力が低下している人は、60代で現れ始め、80代で同世代の約半数を占めるといわれる。

　高齢者では、あらゆる音が聞こえづらくなるが、とくに高い音が聞き取りにくくなる。つまり同じ音であっても、高齢者には、若者の場合よりも音量が小さく、かつこもって聞こえるのである。駅のホームでのアナウンス放送が、若者には多少キンキンして聞こえる感じがするのは、高齢の利用者のために、高い音声の部分を少し強めて流しているためである。逆に電話では、声の高い成分が伝わらないため、聴力の低下した高齢者には、相手の話が聞き取りづらい場合がある。

　聴力の低下した状態を体験してみよう。用意するものは耳栓、あるいはヘッドホンである。これらを装着して家の中でしばらく過ごしてみよう。音声全般が聞き取りにくくなるのがわかるだろう。少し離れたところの人の話などは、意識して耳に注意を集中しないとうまく聞き取れないかもしれない。そしてとくに高い音の聞こえが悪くなっていることにもすぐ気づくだろう。友人に電話をかけて会話してみるのもよい。

その後これらを外すと、ふだんいかに多くの音がわれわれの耳に入ってきているか、あらためて驚かされるであろう。こもった感じはなくなり、すべての音や声が、これまで意識していなかったほどクリアーに聞こえる。
　小さい音が聞き取りづらいということは、たとえば門から出たり、道路を横断するときに、遠くから走ってくる自動車の音が聞こえず、自分までの距離がかなり近くなってからはじめてその自動車に気づくといったことにつながる。高齢者の交通事故は年々増加の一途をたどっているが、体力や瞬発力、歩行速度の低下に加え、視力や聴力の低下も、高齢者の事故の大きな原因のひとつとなっている。
　また聴力の低下した高齢者では、言葉を聞き取る際に、周囲が騒がしかったり、相手が早口だったりすると聞き取りがいっそう困難になることも知られている。乗客でごった返す電車の車輌内では、周囲の話し声などのために、若い人でも車内放送が十分聞き取れないことがあるが、高齢者の場合はなおさらであり、乗車中ずっと不安を感じ、また降車駅のアナウンスを聞き逃すまいと、緊張を強いられ続けることになりかねない。

Chapter 11

自　　　己
―自分を見つめる―

★ 自 己 概 念

　新しい学校、職場などで自己紹介を求められたとき、私たちは年齢や出身地、または趣味や特技、性格など自分のことについて何かしら話すことになる。そして、当然のことながら自己紹介をするときには自分のことを思い出す必要がある。チャットやメールで次のような自己紹介を行った人がいるとしよう。「18歳、男子学生です。身長は160cm、体重は65kg、愛車はアコードです。友達からはお人好しと言われます。自分自身では気が弱いと思っています」という自己紹介をする人は、自分に関するさまざまな情報を思い出し、それを披露しているのである。

　図11－1に示すように、自己に関する事柄を思い出すとき、思い出している主体としての自分を**自我**（もしくは主我）、思い出した対象としての自分を**自己**（あるいは客我）といい、その人がもっている自己に関する情報、イメージ、それらにともなう感情を**自己概念**という。自己概念がどのようなものであるのか、その内容や仕組みについては研究者ごとにさまざまな考え方があるが、共通していわれていることはそれが多面的な性質をもつということである。たとえば、ジェームズ（James, W.）は、自己を本人が自分のものとよぶことがで

図11－1

きるすべてのものの総和とし、これを**物質的自己、社会的自己、精神的自己**の三つに分類した[1]。物質的自己とは、身体と衣服や財産などのことである。ここでは所有物も自己の一部であるとされるが、ブランド物やプレミア物を持っていると自分まで立派になった気持ちがすることを考えると納得できるだろう。社会的自己は他者が自分に対して抱くイメージである。「友達からはお人好しと言われます」という人は、お人よしだと思われている自分のことをわかっている。そして、「気が弱い」のような自分の性格や能力など内面についての知識を精神的自己とよんでいる。

　自分でどのように自分をとらえるかは、その人の発達段階によっても異なると考えられている。すなわち自己に対する理解力や洞察力の発達の程度によって、その人なりの自己のとらえ方も異なってくると考えられるのである。また、社会的自己に代表されるように、自己概念は他者とのかかわりを通じて形成される部分もあり、本人の発達の程度ばかりでなく、どういった社会生活を送っているかによって自己に対するとらえ方は変化すると考えられる。

　ところで、自己概念は単に自分自身を把握した結果生じる消極的なものではない。自己概念には、その本人の判断や行動を方向づけるような能動的、機能的な側面がある。マーカス（Markus, H.）とニューリアス（Nurius, P.）はそれまで自己概念としてとりあげられることが多かった現実の自己以外に、まだ実現していない未来の自己や、現実とは異なる過去の自己を**可能自己**とよんでいる[2]。これは、将来自分がどのようになりたいか、あるいは過去の自分はどのようにすべきであったかなど、願望、理想、野心、不安な状態をもとに形成された自分のイメージである。可能自己は、理想を現実のものにしたり不安を回避したりする際の原動力となったり、現実の自己を評価するときの基準になったりすることで、人の認知や感情、そして行動を決定する際に大きな役割を担うことになる。たとえば、将来プロサッカー選手になって、ワールドカップで優勝したいという夢をもっている人は、現在の自分の技術や体力ではとうてい夢をかなえることができないことを知り、それに見合った高度な技術と十分な体力を身につけるよう練習に励むだろう。同じように、過去の自己も記憶を通

じて現在の自己にはたらきかけ、行動を方向づける役割を果たす。前回のデートで大好きな交際相手に対してひどいことをしてしまった人は、このままでは嫌われると不安になり、失敗を取り返そうと次に会ったときには相手に優しくしようとするだろう。

★ 自 尊 感 情

　自己概念が自分をどのように理解、把握しているかというイメージであるのに対して、自分に対する評価と、それにともなう感情を**自尊感情**、または**自尊心**という。なお、心理学で「自尊心が高い」というときには、日常使うときの「自信過剰」のようなネガティブな意味はない。

$$自尊感情 = \frac{成功}{願望}$$

　こうした自己に対する評価、感情を心理学ではじめて理論化したのもジェームズである。彼によれば自分を評価したときに生じる感情には満足と不満足の二つがあり、それは自分がもつさまざまな願望のうち、どれだけ成功したかの割合によって決まるとしている。

　自尊感情については、多くの研究者がそれぞれの考えを展開しているが、一般的には自尊感情とは自分に満足し、自分を肯定的な存在として受け入れる程度とみられている。自分に肯定的な感情、すなわち自尊感情をもてないと、人は、精神的な健康を欠いたり、思春期においては非行や薬物使用、自殺などの社会病理へと向かったりしやすいという報告もあるなど、自尊感情は人間が健康的な社会生活を送るために欠かせないものである。

　満足できる自分でいたい、社会的に高い評価を受ける人間でいたいという欲求は、基本的な欲求のひとつである。伊藤（2002）[3]は、自尊感情を高揚するための方法には3種類あると述べている。第一は、自分に対する見方を操作する直接的な方法である。これには成功の原因を、状況や運ではなく自分の能力や性格など内的要因に求める**利己的帰属**や、自己概念を肯定的な方向にゆがめて

認知するポジティブ幻想、自分と比較する相手として意図的に自分よりも劣っている相手を選ぶ**下方比較**などがある。第二は、他者からの評価を操作して自己評価を上げようとする対人的な方法である。これには自分がこう思われたいといったイメージを言語的また非言語的な手段によってある程度意図的に他者に表出しようとする自己呈示がある。第三は、社会的に好ましい他者や自分が所属する集団を利用する間接的な方法である。これには好ましい他者や集団との結びつきを強調することで、自己評価や他者からの評価を上げようとする**栄光浴**がある。たとえば、自分の出身校の後輩が甲子園に出場したことを自慢気に話しているような場合がその一例である。また、好ましい集団のメンバーであることによって、自尊感情を高揚させる方法もある。自分がある集団に所属しているといった自覚から生じる自己概念を社会的アイデンティティというが、これはその集団のメンバーであることへの評価や感情を含んでいる。そのため、人は自分が所属する集団（**内集団**）を好ましいと考えたがる一方で、それ以外の集団（**外集団**）を劣っているとみなしたがる傾向がある。そうしたことで自らの自尊感情を高揚させようとするのである（第13章「集団」を参照）。

　ところで、人間はなぜ自己を高く評価したいと思ったり、高い評価を受けると気分がよくなったりするのだろうか。リアリー（Leary, M. R.）[4]たちによれば自尊感情は社会的な警報機の役割を果たしているといわれる。人間は社会生活を営む動物であるが、現在のような社会制度や経済活動が存在しない原始社会では、よりいっそう一人で生きていくことは難しかったと考えられる。もし、周囲の仲間から嫌われてしまうと、集団で狩をして獲物を捕らえることもできないし、猛獣に襲われても一人で戦わなければならず、怪我や病気で動けなくなっても誰も食料をもってきてくれないだろう。このため、原始社会では仲間から嫌われることは生死にかかわる大問題であったといえる。リアリーによれば、自尊感情はそうした原始社会で人間が身につけた自己と他者の関係を監視する道具である。人間は他者から嫌われないように絶えず社会的評価に注意する必要があるが、自尊感情の低下によって生じる不快感は他者からみて価値のない人間になってしまっている可能性を指摘し、早急に改善するように注意を

促していると考えられるのである。このように自尊感情を社会的評価の警報機ととらえる考える方を**ソシオメーター仮説**という。

★ 来談者中心療法

人々が自分の理想的な姿を思いえがき、「なりたい自分」になろうとしてさまざまな努力をすることからもわかるように、自尊感情は自分をさらに充実、成長させようとする力としてもはたらく。こうした自尊感情の働きを**カウンセリング**に利用しようと考えたのがロジャーズ（Rogers, C. R）[5]である。彼が提唱した来談者中心療法では、人間には**自己実現**に向かう欲求があるため、人々は他人からあれこれ指示を与えられなくても、自己を見つめることによってとるべき行動や、それまで思いもしなかった自己のある側面に気づくことができると考えられている。

他人の視線やカメラ、鏡やよく反射するガラスの存在に気づいたとたん、髪の乱れや身だしなみを整えたくなることは誰しも経験することだろう。自己が注意を向けられる対象となった状態を**客体的自覚状態**というが[6]、人間はそうした状態におかれると、自然に自己を評価し、できるだけ好ましい人間になりたくなるものである。来談者中心療法では、自然に生じる自己評価と成長に対する動機づけを利用するために、**クライエント**（カウンセリングを受ける人）を意図的に客体的自覚状態におこうとする。たとえば、クライエントが次のようなことを言ったとしよう。

「就職どうしたらいいか分からなくなっちゃって……、ぶっちゃけ、もうフリーターでいいかなぁって……」

この発言に対して**セラピスト**（クライエントの相談に乗る人）は、次のように回答した。

「どんな仕事をしたいかよくわからなくなってしまったんですね」

これは**言い換え**という技法で、クライエントの発言を丁寧に、適切に表現しようとした返し方である。クライエントの発言の大切な部分を確認することに

よって、発言内容に間違いはないか念を押すのである。発言内容が本心である場合には、あらためてそれをセラピストから繰り返されることによって、クライエントは自分の様子を強く自覚することになる。そして、現在の自己に不満を感じるなら、なりたい自分をイメージし、それに近づこうとするようになるだろう。また、もし発言内容が本心ではなく、本当はなりたい職業があるのに自信がなくて就職活動に挑戦できないような場合には、クライエントは「いえ、なりたい職業はあるんです」と言ったり、言ってしまった内容に違和感を覚えたりするだろう。このような否定や違和感によって、クライエントは徐々に現実の自己を正確に把握するようになっていく。

　また、次のような返し方もある。
　「就職のことで混乱してしまい、投げやりな気持ちになってしまったんですね」
　これは**反射**という技法で、クライエントが感じていると思われる意味や感情を言語化する返し方である。言いかえ同様、クライエントの内面を確認すると同時に、クライエントに自分自身の感情を確認させるはたらきがあるが、言いかえのように発言をただなぞるだけではなく、クライエントの気持ちを推測してその内容を確認するのである。

　言いかえ、反射はセラピストが鏡の役割を果たし、クライエントの自己を映し出すことによって、クライエントに自己概念を検討させる方法といえるが、もっと受動的な返し方もある。うんうんとうなずいてみせたり、「なるほど」と言ったりして、相手の発言を理解していることを伝える**励まし**という技法である。これは「がんばれ」という気持ちを示すような応援のことではない。励ましはクライエントの発言を促す技法である。客体的自覚状態を直接もたらす返し方ではないが、その材料となるクライエントの発言を引き出す技法といえる。クライエントはセラピストが確かに自分の話を聞いてくれていると感じることによって精神的に安定し、話しやすくなるだろう。

　このように、言いかえ、反射、励ましはカウンセラーが自分の考えを述べる返し方ではない。セラピストはクライエントの発言内容を聞き、要点をなぞっ

ているだけである。しかし、クライエントはそうした返し方をされることによって、現在の自己を明確にし、理想的な自己をイメージしやすくなる。ロジャーズはクライエントが成長する力をもっており、過剰な援助を控えることを強調するが、これは客体的自覚状態におかれた人間には自発的に望ましい自分になろうとする動機がはたらくため、そうした動機を引き出してあげられるようにすればよいことを意味している。

ふりかえり

　自分のことを思い描くとき、思い描いている自分を（　A　）、思い描いた対象としての自分を（　B　）という。また、自己は多面的なものであるが、願望や理想に基づいて思い描く現実とは異なる自己を（　C　）という。人々は現実の自己を評価することによって（　D　）という感情が発生するが、できるだけ不快な気持ちにならないように（　D　）を高く維持しようとする。そのための方法としては、自分よりも惨めな人と自己を比較する（　E　）、社会的に好ましい人や集団との結びつきを強調する（　F　）などがある。（　G　）によれば、（　D　）が低下して感じる不快感は、他者から嫌われる前に自分で他者から愛されるような存在になるための警報機の役割を果たしているといわれる。カウンセリングではこうした（　D　）を維持しようとする動機を利用することができる。セラピストはクライエントの発言を適切に表現しなおす（　H　）、発言に含まれる意味や感情を言語化する（　I　）、クライエントが発言しやすくなるようにうなずいたりする（　J　）といった技法を使って、クライエント自らが成長することを援助するのである。

参考文献

1. James, W. (1892). *Psychology : Briefer course.* （今田　寛（訳）(1993). 心理学　上・下　岩波書店）

ふりかえりの解答
A：自我（主我）　B：自己（客我）　C：可能自己　D：自尊感情（自尊心）
E：下方比較　F：栄光欲　G：ソシオメーター仮説　H：言い換え　I：反射
J：励まし

2．Markus, H. & Nurius, P.（1986）Possible selves. *American Psychologist*, **41**, 954-969.（手引き：榎本博明（2000）．「自己」の心理学　サイエンス社）
3．伊藤忠弘（2002）．自尊感情と自己評価の定義　船津衛・安藤清志（編著）．自我・自己の社会心理学　北樹出版　pp.96-105.）
4．Leary, M. R., Tambor, E. S., Terdal, S. K. & Downs, D. L.（1995）．Self-esteem as an interpersonal monitor: The sociometer Hypothesis. *Journal of Personality and Social Psychology*, **68**, 518 - 530.（手引き：リアリー，M. R.；小島弥生（訳）（2001）．自尊心のソシオメーター理論　R. M. コワルスキ・M. R. リアリー（編著）安藤清志・丹野義彦（監訳）臨床社会心理学の進歩　実りあるインターフェイスをめざして　北大路書房）
5．Rogers, C.R（1951）. *Client - centered therapy : its current practice, implications, and theory.* Boston: Houghton Mifflin.（翻訳は「ロージャズ全集」（岩崎学術出版）に分割して収録，末武康弘・保坂亨・諸富祥彦（共訳）（2005）．「ロジャーズ主要著作集」（岩崎学術出版）には抄訳がある。参考．諸富祥彦（1997）．カール・ロジャーズ入門　自分が"自分"になるということ　コスモス・ライブラリー　星雲社）
6．Duval, S. & Wicklund, R. A.（1972）．*A theory of objective self-awareness.* NY, Academic Press.（手引き：中村陽吉（1990）．「自己過程」の社会心理学　東京大学出版会）

やってみよう：20答法

　実際に自己を検討する方法として20答法がある。不完全な文章を提示された回答者が文章を完成させる人格検査を文章構成法というが、20答法はその一種である。以下の解答欄を見ると「私は」の後が空欄になっている。思いつくだけの文章を空欄に入れ、文章を完成させてみよう。なお、20問すべてに無理に回答する必要はない（書きこみにくい場合は、拡大コピーしてください）。

私は_____	私は_____
私は_____	私は_____
私は_____	私は_____
私は_____	私は_____
私は_____	私は_____
私は_____	私は_____
私は_____	私は_____
私は_____	私は_____

私は_____　　私は_____
私は_____　　私は_____

　回答し終えたら、以下の空欄に従って結果を整理しよう。第1の分類では性別や身体、出身地や所属、好きなものといった外面的なものと性格や能力などの内面的なものの数をそれぞれ分類する。第2の分類では肯定的なもの、否定的なもの、どちらでもない中性的なものに分類する。

- 全回答数　　_____
- 第1の分類
    - 外面的な回答数_____
    - 内面的な回答数_____
- 第2の分類
    - 肯定的な回答数_____
    - 否定的な回答数_____
    - 中性的な回答数_____

　一般的に、児童は20問近く回答することが多く、内容は外面的なものが多い。これは自己の内面を見つめる能力が十分に発達していないため、思いつきでたくさん回答する傾向を示している。また、思春期の人たちは、自分を見つめることに慎重になり、回答数が減少することが多い。成人以後の人は20問近く回答するが、自己同一性を確立しているため（第9章「青年」を参照）、内面的な回答が多い。また、肯定的な回答が多い人は現実の自己を受け入れることができるが、否定的な回答が多い人は現実の自己に不満を感じていると考えられる。さらに、中性的な回答が多い人は自己を評価することを恐れているため、価値判断を避けている防衛的な人である可能性がある。

Chapter 12 コミュニケーション
―ひととかかわる―

★ ノンバーバルコミュニケーション

　日常生活の中で、私たちは他者との間で情報を相互にやり取りしている。コミュニケーションとは、情報を送り手と受け手の間でやり取りすることを指しており、送り手は伝えたい情報を受け手に伝え、受け手はその情報を理解する（図12-1）。これを繰り返すことでコミュニケーションが行われる。

　情報をやり取りする主な方法には、言葉を使って自分の考えや意思を伝える**言語的コミュニケーション**がある。しかし、私たちは言葉を使うことだけではなく非言語的な方法で他者と情報をやり取りすることもできる。たとえば、うれしそうに笑顔で話をすれば、相手はこちらが好意をもっていることを感じるだろうし、また、話をしている相手が眉間にしわを寄せていたら「機嫌が悪いのかな」と思うだろう。このように、言語を使わずに情報が伝達されることをノンバーバルコミュニケーションという。次に、代表的なノンバーバルコミュニケーションである、ジェスチャー、表情、視線がどのように情報を伝達しているのかみてみよう。

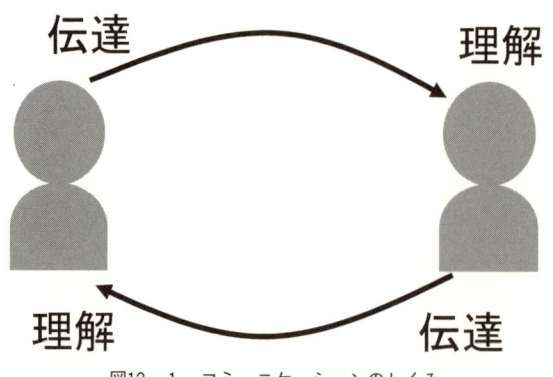

図12-1　コミュニケーションのしくみ

ジェスチャー：外国人とのコミュニケーションや風邪で声が出ない場面で、ジェスチャーを使って自分の言いたいことを相手に伝えようとした経験は誰しももっているだろう。ジェスチャーは言語的コミュニケーションに代わってコミュニケーションを成立させることができる。また、ジェスチャーと言語的コミュニケーションを組み合わせることによって、コミュニケーションを強調することもできる。たとえば、「さようなら」と言うときに手を振って別れの気持ちや名残惜しさを表す、おいしいものを食べたときに「おいしい」と言いながら指で丸を作ることで「とてもおいしい」と感じていることを表現することができる。ジェスチャーは言語的コミュニケーションの代わりとなる機能と、コミュニケーション内容を強調する機能の二つの機能をもっている。

表情：「顔色をうかがう」、「あの人は気持ちが顔に出やすい」という言葉で表現されるように、顔の表情にはその人の内面が現れる。エクマンとフリーセン（Ekman, Paul & Friesen, W. V.）[1]は感情が顔の表情にどのように表れるのかを検討した。彼らは顔の三つの部分（上部：眉・額、中央部：目・まぶた・鼻、下部：頬・口・あご）の動きによって、人間の基本情動である驚き、恐怖、嫌悪、怒り、幸福、悲しみが表現されるということを示した。

たとえば、怒りの表情には、次のような特徴がある。眉は下がって引き寄せられ、間に縦皺ができる。目は見開き、唇は一文字か口角が下がった状態でしっかりと結ばれるか、大声で叫んでいるかのように開いている。怒りの表情は顔の三つの部分すべてに変化が生じて表現されることがわかる。これに対し、幸福の表情は顔の下部と下瞼で表現される。唇の口角は後ろへ引かれながら上がり、頬と下瞼が持ち上げられる。

視線：「目は口ほどに物を言う」と言うように、視線もまたノンバーバルコミュニケーションのひとつである。特定の人物

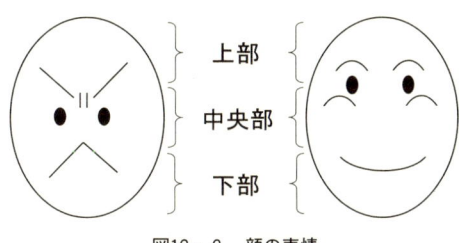

図12-2　顔の表情

を何度も見ることがその人物への関心や好意を表し、一方で冷たく横目でチラリと見ることが敵意や嫌悪を表現しているということは日常的な感覚からも理解できるだろう。それ以外にも、視線のやり取りで話し手と聞き手が会話の順番を理解するという、視線に独自の機能がある。話し手は話を終えようとすると聞き手に視線を向け、それまで話し手を凝視していた聞き手は視線をそらして話し始める。話し手が聞き手を見ることは、話し手が交代することを表しており、話し手と聞き手の両方がこのルールを理解することで、会話の順番がスムーズに調整されたコミュニケーションが成立する。

　ノンバーバルコミュニケーションには文化差や個人差が強く影響するため、コミュニケーションがうまく成立しない場合もある。たとえば同じジェスチャーであっても、国や文化によって意味がまったく異なることがある。日本人が「こっちへおいで」ということを示す手の甲を上にして人差し指から小指までの4本の指を上下に動かすジェスチャーは、アメリカ人にとっては「あっちへいけ」という逆の意味をもつことがその例である（アメリカ人が人を呼ぶときには、手のひらを上に向けて4本の指を動かす）。

　また、ノンバーバルコミュニケーションは、それだけでコミュニケーションを成立させることもあれば、言語的コミュニケーションと一緒にコミュニケーションを成立させることもある。「怒っているの？」と聞かれて「別に（怒っていない）」とふくれっ面で答えるような、言語的コミュニケーションとノンバーバルコミュニケーションの内容が不一致である場面では、「怒っていない」と言葉では示しているけれども、表情から怒っていると確信するだろう。メーラビアンとフェリス（Mehrabian, A. & Ferris, S. R.）[2]によると、私たちは他者の感情を判断するときに、顔の表情をもっとも重視し、次に声の調子を重視する。言葉の意味自体は他者の感情判断にあまり影響を及ぼさないことが示されている。ノンバーバルコミュニケーションは言語的コミュニケーションを補足する役割だけではなく、送り手からの態度を伝達するコミュニケーションの一端を担う重要な役割を果たしているのである。

★ 説得的コミュニケーション

　説得的コミュニケーションとは、他者をこちらの意図に基づいて変化させることである。説得的コミュニケーションは、子が親にお小遣いの額を上げてもらおうとする場面から企業買収の場面までさまざまだが、相手を自分の意図する方向へ変化させようとする点で共通している。

　説得的コミュニケーションは「送り手」、「メッセージの構成」、「チャネル」、「受け手」という四つの基本要素から成り立っている。この四つの基本要素のそれぞれについて、どのような特徴が説得的コミュニケーションを成功させるのか、図12-3に示されている。その中でも「メッセージの構成」は、送り手が受け手へどのように働きかけることが効果的かという説得的コミュニケーションにとくに重要な要素である。

　送り手と受け手の意見が違う場合には、説得的コミュニケーションに対する受け手の抵抗が考えられるが、メッセージの構成の仕方によって受け手の意見を十分変えることができる。このことを示したのがホヴランド、ジャニス、そしてケリー（Hovland, C., Janis, I. L. & Kelley, H. H.）[3]である。ホヴランドは、送り手の主張に賛成する意見だけの**一面呈示**よりも、賛成する意見と反対する意見の両方を示す**両面呈示**の方が受け手の意見を変えやすいことを示した。自分に都合の良いことしか説明せずに、都合の悪いことを隠しているよりも、はじ

送り手	メッセージの構成	チャネル	受け手
送り手の説得力	内容をどのように伝えるか	どのような方法で伝えるか	説得のされやすさ
●専門性 ●信頼性	●一面呈示 ●両面呈示	●口頭 ●映像 ●活字	●年齢 ●性別 ●知能

図12-3　説得的コミュニケーションの4要素

めから良い面と悪い面を説明する方が、受け入れられやすいということである。また、両面呈示したうえで、反対意見に対する反論を示す方法がさらに受け手の意見を変化させやすくすることもわかっている。喫煙者に対して禁煙を説得する場面を例として考えてみよう。喫煙は肺ガンにかかる可能性が高いこと（禁煙への賛成意見）、喫煙することによるリラックス効果（禁煙への反対意見）を話し、その後、喫煙によるリラックス効果はごく短いものであること、そのリラックス効果を得るために喫煙を続けることは健康を害することにつながる（反対意見への反論）と説明することで、ただ禁煙を求めるよりも効果のある説得的コミュニケーションができる。

　受け手の意見を巧みに変化させるメッセージの構成として、セールスマンにも利用されている方法がある。それは、**応諾獲得方略**とよばれる方法である。**段階的要請法**（foot-in-the-door technique）、**応諾先取り法**（law-ball technique）、**譲歩的要請法**（door-in-the-face technique）は、応諾獲得方略の中でもよく知られており、実際に利用されている方法である。

　段階的要請法とは、説得を受け入れてもらうための足がかりを作る方略である。具体的には、まず送り手が受け手に対して受け入れやすい小さな要求を行い、承諾を得た後でより大きな要求（送り手の本当の要求）を行うという手順で行われる。この方略の特徴は、送り手が本当に要求したいことの承諾を得るために、それよりも小さな要求を行っておいて段階的に受け手の承諾を得ていくという点である。「当社の化粧品について、話を聞いてもらうだけでよいので」から始まり、「商品を見てください」、「手に塗って試してみてください」そして最後には購入させるという販売の方法が例として挙げられる。段階的に承諾を得ていくという説得方略は、人間が認知と行動の一貫性を維持しようとする傾向をうまく利用している。一旦、説得を承諾することによって、受け手は自分が説得を受け入れたという認知を行い、それに引き続いた説得に対しても前と同様の行動、つまり説得を受け入れるという行動をとりやすくなるのである。

　同じように認知と行動の一貫性の維持を利用するのが、応諾先取り法である。

応諾先取り法は、とにかく最初に承諾を得てしまう方略である。実際の要求に良い条件を付加したにせものの要求を受け手に提示して、承諾を得た後に、良い条件を取り去るという手順で行われる。受け手は、はじめに説得を受け入れているので、良い条件がなくなっても、自分は説得を受け入れているという認知を維持しようとするために説得を拒否しにくくなる。例としては、「今すぐに英会話学校へ入学するとたくさんの特典が付くのでお得ですよ」と言われて入学することにしたが、「いくつかの特典が受けることができなくなりました」と言われても入学を取り消そうという気持ちにはなりにくいことが挙げられる。

　最後に、譲歩的要請法は、まず受け手に拒否させる方略である。この方法は、人間の相互性を重視する傾向をうまく利用している。私たちは誰かに譲ってもらうと、その人に対して恩返しをしなければならないような気持ちになる。譲歩的要請法はこの気持ちに訴えて、受け手が承諾できない大きな要求をはじめに提示して拒否させた上で、その後、少し小さな要求（送り手の本当の要求）を提示して譲歩したように見せるのである。10万円の健康食品を販売する場面で「高すぎる」という客に対して、「では７万円でいかがですか？」と値段を下げて買ってもらおうとすることは、譲歩的要請法を利用した販売方法である。客は、自分が拒否を示して値段を下げさせたという罪悪感と、最初の要求よりも受け入れやすくなったという対比から承諾しやすくなるというわけである。

　説得的コミュニケーションがうまくいかず、受け手を変化させることができない場合もある。それだけではなく、受け手の反発を招いてしまうこともあるだろう。こうした説得的コミュニケーションへの反発を**リアクタンス**という。受け手の考えを無視する、強制的にこちら側の考えを押しつけるといった受け手の自由を奪うような説得的コミュニケーションに対してはとくにリアクタンスが生じやすい。リアクタンスが生じる原因には、禁止された行動に対する魅力が高まること、自由を脅かした相手に対する敵意が考えられている。説得的コミュニケーションへのリアクタンスを生じさせないためには、受け手を尊重しながら、受け手が自発的にこちらの言い分を受け入れるように説得を行う必要がある。

★ インターネットでのコミュニケーション

　コミュニケーションの相手を目の前にしたface-to-faceのコミュニケーションや電話とは異なるコミュニケーション手段として、インターネットがある。インターネットは短時間にたくさんの情報を収集する手段として私たちの生活で役立つことに加えて、コミュニケーションの手段としても大きな役割を果たしている。電子メール（以下、メール）を使えば、手紙よりも早く海外に留学している友人と連絡をとることができるし、時差を気にして国際電話をかける時間に悩むこともない。場所や時間に制限されることなくコミュニケーションできること、そして自分も相手も都合の良い時にコミュニケーションをとることができる手軽さがインターネットでのコミュニケーションの利点といえる。

　インターネットを使うことで、私たちは場所や時間に邪魔されずにこれまでの人間関係を維持するだけでなく、新しい人間関係を作ることも簡単にできるようになった。電子掲示板（以下、BBS）で、共通の趣味をもつ人たちと意見をやり取りする、また自分のホームページやブログにメッセージをもらうことで、インターネットを使わなければ知りあうことのできない遠く離れたところに住む人たちと知りあうことができる。インターネットによって、私たちのコミュニケーションの範囲は広がっている。

　インターネットでは文字を使用してコミュニケーションを行うことが多い。そのため、インターネットでのコミュニケーションはface-to-faceのコミュニケーションで感じることのできる相手の表情や、電話で感じることのできる相手の声の調子を感じることができない。ノンバーバルコミュニケーションの節ですでにふれているとおり、私たちのコミュニケーションではノンバーバルコミュニケーションが重要な役割を果たしている。したがってノンバーバルコミュニケーションが制限されているインターネットでは、誤解やトラブルが生じやすい。「バカ」という文字だけでは、コミュニケーションの送り手が本気でバカと言っているのか、ふざけているのか理解することが難しい。受け手が本気でバカと言われていると理解してしまったら、トラブルになりかねない。携

帯電話のメールで「たすけて」と救出を求めた人が、ふざけているだけだと思われて救出が遅れてしまったという事件もある。

　だが、インターネットを利用している人ならば、インターネット上でもノンバーバルコミュニケーションを可能にする方法があることを知っているだろう。言葉だけでは伝わらない情報を伝える代表的な方法として、顔文字がある。顔文字はインターネットが普及する以前の1980年頃から、欧米の大学や研究機関の中だけで使用されていたコンピュータ・ネットワークから始まったといわれている。表12-1に示されているように、顔の表情を目と口という単純化された形で表現することによって、感情を表現している。笑顔の顔文字が使われることが多く、その理由として川浦[4]は、顔文字使用の目的がメッセージのとげとげしさを和らげることにあるからだろうと述べている。また、ノンバーバルコミュニケーションを言語化するという方法もある。たとえば、面白がっていることを表現するときに、「(笑)」、「あはは」と記述すること、または「w」と表現することによって嘲笑を示すこともある。さらに、文字の拡大によって強調を示すこともある。文字のサイズを大きくするのではなく、「神」を「ネ申」、「結婚」を「糸吉女昏」と漢字をばらばらにして表示することによって文字を拡大し、その言葉を強調する意味を持たせることができる。

　私たちは、このような方法で文字情報の中にノンバーバルコミュニケーションを織りこんでいる。普段何気なく使っている顔文字は、私たちが無意識のうちにノンバーバルコミュニケーションの重要性を理解し、ノンバーバルコミュニケーションを補うための対処法であるということができる。

　こうしたインターネットでのノンバーバルコミュニケーションは、親しい関係にある者同士でのメールのやり取り、BBSの書き込みで用いられることが多い。仕事の取引先の人に友人に送るような顔文字の入ったメールを出す人はいないだろう。しかし、長年のつきあいでとても親しい間柄の人であれば顔文字を使ったメールを送ることもあるかもしれない。

表12-1　基本的な顔文字

顔文字	意味
(^-^)	幸福
(;_;)	悲しみ
(メ-_-)	怒り
(^_-)	ウィンク
(°O°)	驚き

こうした文字の上でのノンバーバルコミュニケーションは親密さを表現し、また、その表現を暗号のように使用して意味を共有することによって仲間意識や集団意識を生むことが多い。

ふりかえり

他者との間で情報をやり取りするコミュニケーションにおいて、言葉を使って自分の考えを伝えることを（　A　）、言葉を使わずに情報を伝えることを（　B　）という。

他者をこちらの意図に基づいて変化させることを（　C　）という。他者の意見を巧みに変化させる方法に（　D　）とよばれる方法がありさまざまな種類の方法があるが、代表的な三つの方法が広く知られている。それらは、受け手に対して受け入れやすい小さな要求を行い、承諾を得た後でより大きな要求（送り手の本当の要求）を行う（　E　）、実際の要求に良い条件を付加したにせものの要求を受け手に提示して、承諾を得た後に、良い条件を取り去る（　F　）、受け手が承諾できない大きな要求をはじめに提示して拒否させた上で、その後、少し小さな要求（送り手の本当の要求）を提示して譲歩したように見せる（　G　）である。

参考文献

1. Ekman, Paul & Friesen, W. V. (1975). *Unmasking the face： A guide to recognizing emotions from facial clues.* Oxford, England： Prentice-Hall. (P.エクマン・W.V.フリーセン．工藤力（訳編）(1987)．表情分析入門：表情に隠された意味をさぐる　誠信書房）
2. Mehrabian, A. & Ferris, S. R. (1967). Inference of attitudes from nonverbal communication in two channels. *Journal of Consulting Psychology*, 31, 248-252. (手引き：A.マレービアン．西田司ほか（共訳）(1986)．非言語コミュニケーション　聖文社）
3. Hovland, C., Janis, I. L. & Kelley, H. H. (1953). *Communication and persuasion： Psychological studies of opinion change.* CT： Yale University Press. (手引き：今井芳

ふりかえりの解答
A：言語的コミュニケーション　B：ノンバーバルコミュニケーション
C：説得的コミュニケーション　D：応諾獲得方略　E：段階的要請法
F：応諾先取り法　G：譲歩的要請法

昭 (1996). 影響力を解剖する 依頼と説得の心理学 福村出版)
4. 川浦康至 (1993). 文字だけでは伝わらないという気持ち 川上善郎・川浦康至・池田謙一・古川良治 電子ネットワーキングの社会心理 コンピュータ・コミュニケーションへのパスポート 誠信書房 pp. 40-46.

やってみよう：ノンバーバルコミュニケーション体験

　ノンバーバルコミュニケーションの重要性を体験してみよう。まず、2人組になり送り手と受け手を決める。送り手は、自分の好きなことやものの良さを受け手に話す（たとえば、好きなミュージシャンの良さなど）。受け手にも好きになってもらえるように熱意をもって3分間話してみよう。それに対して、受け手は無表情で送り手の話には反応しないで聞く。送り手も受け手も、つらい気持ちになるだろうが我慢してやってみよう（コミュニケーションの雰囲気が悪くなったとしても、これは勉強ですから、終わった後には悪い雰囲気をもち越さないように！）。3分経ったら、送り手はもう一度同じ話をする。今度は、受け手は好きなように反応しながら送り手の話を聞いて良い。はじめのコミュニケーションと後のコミュニケーションを比べてもらいたい。また、送り手と受け手の役を交代して同じようにやってみよう。

　私たちは自分たちが考えている以上にコミュニケーションの中で、ノンバーバルコミュニケーションを必要としている。自分が送り手である場合には、受け手の反応を見たいと思い、自分が受け手の場合には送り手の話にうなずいたり質問したり反応したくなるはずである。したがって、ひとたびノンバーバルコミュニケーションが制限されると、コミュニケーションはぎこちなくなり、雰囲気が悪くなる。私たちがコミュニケーションを行うときは、言語的コミュニケーションだけではなく、ノンバーバルコミュニケーションも行なっているのである。

Chapter 13 集団

―人々のまとまりと争い―

★ 集団内の個人

　人間は良くも悪くも群れで暮らすことをうまく利用してきた。企業をみてもわかるように、人間は群れで活動することによって一人一人ばらばらに活動していては得られない大きな利益を得ることができる。また、家庭で自宅専用の学校を作ることはできなくても、みんなでお金を出しあって（税金）、大勢の子どもが共同で利用する学校を作れば、世帯ごとの負担は軽くなる。

　人間の群れには2種類ある。ひとつは**集合**である。集合とはつながりのない人々がたくさんいる状態のことをいう。もうひとつは**集団**である。集団とはお互いに依存したり、影響を与えあったりするまとまりのある人々の集まりのことである。したがって、会社の社員たちや学校の生徒たちは集団であり、交差点で信号待ちをしているような人々は集合である。

　ただし、集合と集団の境目は明確ではない。信号待ちをしている人々であっても同じユニフォームを着て、同じサッカーチームの応援に向かっているような場合、彼らは集団といってよいだろう。また、同じ大学や学校の学生たちでも売店で買い物をしているだけなら集合とみなすべきだろう。状況によって集合が集団になったり、集団が集合になったりするのである。

　集団には仲良しグループ、サークル、家族、学校、会社、民族などさまざまなものがある。会社や学校などメンバーの地位や役割が明確に決まっているものを**公式集団**といい、メンバーが自由に情緒的に結びついているような集団を**非公式集団**といって区別することがある。現実にはこの区別もまた境目が明確

ではないことが多い。職場やバイト先のメンバーでよくコンパを開いたりするようであれば、その仕事仲間は公式集団でもあり非公式集団でもある。

よく学校のクラスや職場で「まとまろう！」といったスローガンをきくが、集団のまとまりのよさのことを**集団凝集性**という。どうすればメンバーのまとまりはよくなるだろうか。シャクター（Schachter, S）によれば集団のもつ魅力が凝集性を高める[1]。集団の魅力は金銭やものを得られるといった物質的な利益に由来するとは限らない。所属すること自体がメンバーにとって報酬になることがある。有名大学や大企業に入ろうとする人たちには、よく勉強できるとか高い給料をもらえるといった実利的な動機だけではなく、立派な集団のメンバーになりたいという動機も少なからずあるだろう。

自分自身のイメージをアイデンティティ（同一性）というが（第11章「自己」を参照）、とくに集団のメンバーとしての自覚を**社会的アイデンティティ**という[2]。タジフェル（Tajfel, H.）によれば集団に所属するメンバーの自己評価は所属している集団に対する評価と連動している。オリンピックの応援を例にとると、日本という社会が所属集団であり、応援している日本人は日本社会のメンバーといえる。このため、日本人選手が金メダルを取ると同じ日本社会のメンバーとして誇りに思うが、日本人選手が負けると惨めな気持ちになってしまう。

このように、人々は**自尊心**を満足させるために所属集団に対する評価を利用することがある。自尊心を満足させられるような集団にいるメンバーは集団に魅力を感じ、メンバーであり続けたいと思うだろう。反対に、自尊心が傷つけられるような集団にいるメンバーは集団に対して無関心になったり、集団のメンバーでいたくないと思うようになったりするだろう。独裁者はしばしば自国民がいかに優秀であるかを強調する。これは国民が国のメンバーであることに魅力を感じ、国の目標に協力しやすくなるように凝集性を高めようとする行為であるといえる。

★ 集団間の関係

 前節では集団を形成することは広い意味でメンバーの利益になると述べたが、人間は一旦集団のメンバーになると一人ではしないようなことをするようになる。

 シェリフ（Sherif, M.）たちは子どもたちをキャンプに連れて行き実験を行った。実験は3回行われたが、ここでは最後の「泥棒洞窟実験」について述べよう[3]。まず、集めた子どもたちをランダムに2グループに分け、別々のエリアでキャンプをさせた。子どもたちは食事を作ったり、アスレチックを掃除したり、泳ぎ場所を整備したり、カヌーに乗ったりしてすごした。やがてそれぞれのグループでは、「タフであること」「善良であること」といった決まりごとが作られ、互いにニックネームをつけあい、リーダーが選出された。また、グループの旗が作られ、各々「イーグルス」「ラトラーズ（ガラガラヘビ）」という攻撃的な名前がつけられた。

 子どもたちが一定期間仲間とすごした後、両グループは対面した。はじめに、綱引きなどのグループ同士の対戦ゲームをやらせたところ、子どもたちは相手のグループに向かってののしりあうようになり、ゲームの後も相手の小屋を襲撃し、暴力をふるい、相手の旗を焼くなどした。また、グループ内でも変化が生じて、メンバーの結束は強まり、それまでみんなから非難されていたような粗暴な少年が新たなリーダーとなり、それぞれのメンバーたちは相手グループの裏をかくような計画に熱中するようになっていった。その後、両グループが仲直りするよう映画鑑賞会、食事会、花火大会などが開催されたが、抗争がおさまることはなく、食べ物や紙の投げつけあい、ののしりあいが続いた。

 次に、実験では両グループが協力しなければならない状況を設定した。水道管の故障箇所を見つける、お小遣いを出しあって映画のフィルムを借りてくる、故障したトラックを引っ張って移動するといった課題を行わせたのである。これらの課題はいずれも片方のグループだけでは処理することができないようになっていた。こうした課題を与えられた後は抗争は沈静化していった。キャン

プが終了するころには、子どもたちは一緒のバスで帰りたがり、一方のグループがキャンプ中に賞金としてもらったお小遣いの残りでおやつを買い、相手のグループと分けあうようになるまで仲良しになったという。

　この実験には象徴的な出来事がいくつか含まれている。第一に、人間は初対面の人たちと出会った場合でも凝集性を容易に高めることができるということである。一般に、集団の目標が明確なとき、あるいは競争相手となる集団が存在するときなどに凝集性は高まりやすいといわれる。とくに競争相手となる集団が出現し、その集団を打ち負かそうという目標は凝集性を高めやすい。それまで関心のなかったスポーツであっても、日本代表が他国の代表と試合をするような場合、にわか応援団になる人がいるが、これは競争相手となる外国の存在が明確になるためである。

　第二に、集団間の対立は相手の集団に対する個人的な憎しみがなくても、集団を取り巻く状況によって発生するということである。実験では初対面同士の子どもが集められたため、お互いに他の子どもに対して憎しみをもっていたわけではなかった。ところが、競争的な課題を与えられてしまったことがきっかけとなり、相手集団への敵意が発生してしまったと考えられる。

　第三に、共通の目標をもつことが集団対立を抑制するということである。実験では一旦対立関係に陥った集団同士の抗争はなかなか治まらなかったが、両集団が協力しなければならない状況になれば抗争は治まった。これは子どもたち全員にとっての新たな目標が発生したことにより二つの集団が解消され、新たな大集団が形成されたとみなすことができる。

　子どもたちは主観的には相手集団のメンバーを憎いと思い、憎いと思ったからこそ結束して相手集団を攻撃したと思っていたことだろう。だが、実際には子どもたちは集団に課せられた課題の性質によって、自覚しないまま他集団の子どもとたち争っていたのである。人間が他の集団の人々を憎いと思ったとき、本当に自分の考えや気持ちに基づいてその人たちを憎んでいるとは限らないのである。

★ 組　　織

　明確な目標を持って人々が集まり、メンバーの間に役割分担や地位の上下があるような集団を**組織**という。たとえば、企業は営利を追求する集団であり、社員は役割の異なる部署に配属され、社長、課長、ヒラなどの職階が与えられる。

　メンバーの意気込み、ヤル気のことを**モラール**という。組織では組織全体の目標を達成するためにメンバーのモラールを向上させることが課題となる。1924年から1932年にかけてアメリカのウェスタン・エレクトリック社のホーソン工場で労働者を対象としたさまざまな実験や調査が行われた[4]。この研究では、はじめに生産性を向上させる物理的環境や労働条件を探ろうと、照明の明るさや、休憩の取り方、出来高払いなどの報酬の支払い方法、おやつの有無などの効果が検討された。研究の結果、それらのうちはっきりと生産性を向上させるような要因は見つからなかった。ところが面接調査を行ってみると当時としては意外なことが明らかになった。実際に生産性を向上させる原因は物理的環境や労働条件などではなく、人間関係や仕事に対するやりがい、そして「研究対象として選ばれたことを名誉に思った」といった心理的要因であった。

　また、このホーソン研究ではとくに人間関係について興味深い出来事が観察された。作業を多くこなした労働者には基本給に加えて追加の報酬を与えるという実験を行ったところ、予測に反して労働者一人一人の作業量が増えることがほとんどなかったのである。この原因について探ったところ、次のようなことが明らかになった。労働者たちは仕事上編制されたグループではなく、実際には私的な仲良しグループ、すなわち非公式集団ごとにまとまって仕事を行っていたのである。そうしたグループの中では、抜け駆けして他の仲間よりもたくさん報酬をもらうようなことはしないようにするというルールができ上がっていた。このため仕事が速い労働者は手を抜いて作業量を調整していたのである。このような集団内でメンバーが守ろうとするルールを**集団規範**という。

　ホーソン研究によって、心理的充足がモラールを強化することが明らかになったが、心理的充足の効果は状況によって変化するという主張もある。マズロ

ー(Maslow, A. H.)は人間の欲求には階層があると考え、図13-1に示された欲求が下から順番に満たされていくことによって、その都度労働者の欲求が変化すると述べている[5]。「衣食足りて礼節を知る」という言葉があるように、マズローは衣食住の心配がないことや生命の安全が保障されてはじめて対人関係や仕事に対するやりがいなどの人間らしい崇高な目標を抱くようになると考えたのである。これによれば、ホーソン工場の労働者が報酬の影響よりも人間関係を重視したのは、彼らがすでにある程度、経済的に恵まれていたからなのかもしれない。

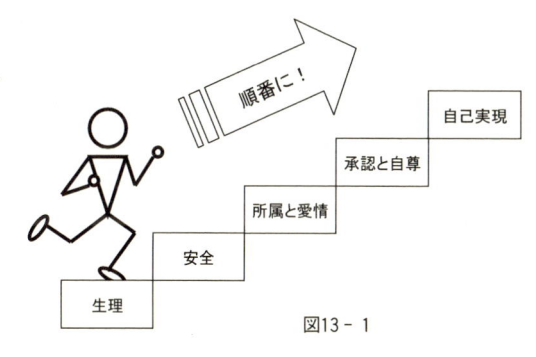

図13-1

また、ハーズバーグは(Herzberg, F.)人間の欲求がもたらす効果の違いに注目し、さまざまな心理的要因とその他の要因をあらためて分類した[6]。それによると、物理的環境や報酬、人間関係といったことが原因で生じる不快感は仕事に対する強い不満の原因になる。これに対して仕事に対するやりがいや地位の高さなどは仕事に対するモラールにはつながっても、それがないからといってすぐに不満を感じさせるわけではない。ハーズバーグはこのように不足すれば仕事の不満を発生させるようなものを**衛生要因**、十分であればモラールを強めるようなものを**動機づけ要因**とよんだ。

ところで、ホーソン研究、マズロー、ハーズバーグいずれの研究においても、人間関係は組織のメンバーの活動に強い影響を与える要因であると考えられているが、メンバー同士が争うこと、すなわち**対人葛藤**は組織にとって必ずしもマイナスになるわけではない。

組織のメンバーは、それぞれ異なる役割を与えられているため、お互いが役割を果たそうとするためにぶつかることがあっても当然である。営業担当者が「今が売り時！」と思い、無理をしてでも商品を生産すれば会社が儲かると考

える一方で、仕入れ担当者が材料の価格が高騰しているから商品を増産すれば会社の損になると考えれば、両者は会社のためを思っているにもかかわらず、意見が衝突することになる。しかし、両者が意見を主張しあうことによって、両方の意見のよいところをあわせたアイデアが生まれるかもしれない。メンバーは他人と争うことをただ避けるのではなく、感情的になることなく、意見を主張しあうことができれば、組織の活動を活性化することができるだろう。

ふりかえり

単に人が集まった状態を（ A ）、人々が影響を与えあっている状態を（ B ）という。人々が（ B ）に魅力を感じると（ C ）が高まり、（ B ）が立派であると（ D ）によって自分も誇らしくなる。

（ B ）の中でもとくに階層や役割分担があるものを（ E ）という。メンバーの（ F ）は物理的環境よりも人間関係によって影響を受けやすいが、ホーソン研究では（ G ）の中で共有されていた（ H ）によって労働者が作業量を意図的に調節していることがわかった。（ B ）の中で人々が持つ欲求のうち満たされないと仕事への不満を強めるものを（ I ）、満たされるとモラールを高めるものを（ J ）という。

参考文献

1. Schachter, S., Ellertson, N., McBride, D., & Gregory, D. (1951). An experimental study of cohesiveness and productivity. *Human Relations*, 4, 229-248.
2. Tajfel, H. & Turner, J. C. (1979). An integrative theory of intergroup conflict. In W. Austin & S. Worchel (Eds.) *The social psychology of intergroup relations*. CA：Brooks-Cole. pp. 33-47.
3. Sherif, M. & Sherif, C. W. (1969). In-group and intergroup relations：Experimental analysis. In *Social Psychology*. NY：Harper & Row. pp. 221-266.（2, 3の手引き：ホッグ M. A.・アブラムス D. 吉森護・野村泰代（訳）(1995). 社会的アイデンティティ理

ふりかえりの解答
A：集合　B：集団　C：凝集性　D：社会的アイデンティティ　E：組織
F：モラール　G：非公式集団　H：集団規範　I：衛生要因　J：動機づけ要因

論－新しい社会心理学体系化のための一般理論　北大路書房）
4．Mayo, E.（1933）. *The human problems of an industrial civilization.* NY：McMillan Company.（村本栄一訳（1967）. 新訳産業文明における人間問題　社団法人日本能率協会）
5．Maslow, A. H.（1970）. *Motivation and personality.* NY：Harper & Low.（小口忠彦（監訳）（1987）. 人間性の心理学　産業能率大学出版部）
6．Herzberg, F.（1966）. *Work and nature of man.* Cleveland：World Pub.（北野利信（訳）（1968）. 仕事と人間性　東洋経済新報社）

やってみよう：集団への同一化

　まず、あなたの友人・知人の名前を19名書き出してほしい。それらにあなた自身の名前を加えたうえで、アイウエオ順に並べ、はじめの10名と、あとの10名に分け、各々のグループに適当な名前をつけ、図13-2のような表を作る。数分間、それぞれのグループを眺め、グループのイメージや雰囲気を想像してみよう。

星組	月組
青山洋一	田中智宏
伊藤道彦	戸田美保
上田菜緒子	中野徹
江崎武敏	

図13-2

　次に、それぞれの人の魅力度を10点満点で評定し、名前の横に得点を書いていく。容姿、人柄、能力など魅力の理由はそれぞれなんでもよい。全員の評定が済んだら、グループごとの合計点を計算する。集計したら結果を下に記入しよう。

　　　グループ名：＿＿＿＿＿＿＿＿（＿＿＿＿点）
　　　グループ名：＿＿＿＿＿＿＿＿（＿＿＿＿点）

　どちらのグループの合計点が高かっただろうか？　もし、あなたが所属しているグループの方の得点が高かった場合には、それは集団同一化の影響が生じたせいかもしれない。本文でも述べたように、人間は好ましい集団に所属することによってそこに所属する自分も好ましい人間だと考えたがる。このため、単にアイウエオ順で分けただけのグループであっても他の集団のメンバーよりも自分の所属する集団のメンバーをすばらしい人たちであると考えやすくなると考えられる。自民族や同窓生、同僚といった同じ集団のメンバーを優秀だ、立派だと思う気持ちも、こうした集団に結びついた自尊感情に基づいていることがある。

Chapter 14 研究法
―行動から心を探る―

★ 科学的方法とは

　これまでの章で述べてきたところからもわかるように、一般の人が心理学に対して抱いているイメージと、実際の心理学との間にはしばしば大きなギャップがある。世間では、心理学を学べば、人間の心が読めるようになる、悩みがたちどころに解決できるなどと考えるむきもあるようだが、心理学は超能力や魔法に関する学問ではないので、そんなことは不可能である。そして心理学とは、心を直接的に研究する学問ですらないのである。

　それでは心理学ではどうやって心の問題を研究しようとするのだろうか。

1. 科学としての心理学

　心理学では、頭で考えて一足飛びに人間の心にアプローチするのではなく、**データ**をとって、それに基づいて心の問題について考えるという、一般の人からみればまどろっこしいやり方で心について研究する。こういう、データに基づいてその対象に関して考察するやり方を**実証的アプローチ**という。実証的アプローチは科学の研究において用いられる方法である。

　実証科学、検証可能性というのが心理学を理解する第一のポイントである。心理学といえば**精神分析学**を思い浮かべる人がいるかもしれないが、精神分析学は通常、科学的心理学に含めて考えられていない。検証の手段、すなわちその理論が正しいのかどうかを、データに基づいて直接検証するすべをもたないからである。ここで注意していただきたいのは、実証的でないものは価値がな

いといっているのではない点である。学問の価値判断をしているのではない。あくまでも現代の心理学では、データに基づく実証的アプローチを研究手段として採用しているということである。

心理学では、単に心の問題を解釈するだけでなく、その裏づけとなるデータを**実験**や**観察**によって収集し、そのデータに基づいて研究を行う。「データ＝事実・証拠」と考えるので、実証的アプローチといわれるのである。客観的データに基づいて心の問題を考察するのは、考察する人の主観が入り、考察が恣意に流れるのを極力防ごうとするためである。また客観的データを考察の資料とするため、ある考察の妥当性を、それが基づいているデータが再現性のあるものか、すなわちその研究で報告されているデータ収集手続きに従えば、第三者も同じデータを得ることができるかという観点から評価することが可能である。この観点を**結果の再現性**や**結果の一般性**とよんでいる。

2．行動を研究

心は直接研究対象とすることはできない。外から見えないからである。したがって「心のデータ」なるものをとることもまたできない。

しかし、心の一部は外に現れ出てくる。それが**行動**とよばれるものである。それを手がかりにして心のはたらきを調べようというわけである。

客観的に観察可能な、**刺激**と生体の反応（行動）との関係を究明するのが科学的心理学の目的である。ここでいう行動とは、外部から客観的に観察できる生体の活動を広くとらえた概念である。歩くとか運動するとかいった日常語の行動に近いものから、身ぶりや表情といったもの、形や色の区別、質問への回答、言葉などのほか、脳波や筋肉の動きにともなう電位の変化（筋電図）、心拍、汗の分泌などの生理的指標をも含み、さらには絵画や筆跡などを含めることもある。また刺激とは、生体に作用し、行動に影響を与えるものを指す。したがって、光や音、匂いなどの他、睡眠時間や人間関係

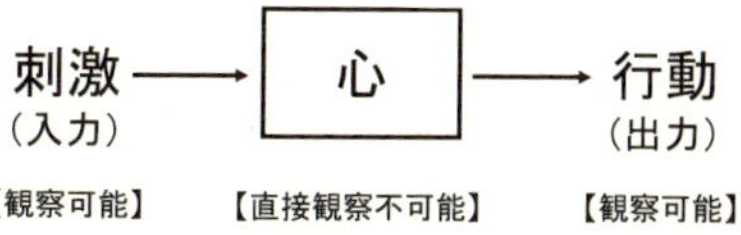

刺激 ──→ 心 ──→ 行動
（入力）　　　　　（出力）

【観察可能】　【直接観察不可能】　【観察可能】

図14-1　心理学の研究における刺激・心・行動の関係

★ 科学的方法とは　127

なども含まれる。

　たとえば、ストレッサー（ストレスの原因となるもの。日常語でいうストレス）が心にどんな影響を与えるか心理学的に明らかにしたい場合には、まず人間にストレッサーを実際に与え、それに対してその人がどのようなストレス反応を示すか調べる。この場合、ストレッサーもストレス反応も外から直接観察可能である。そしてこの両者の関係に基づき、いわば挟み撃ちにする形で、外から客観的に観察することのできない心にストレッサーがどのように作用するのか間接的に推定するのである。この場合、心は刺激と行動とを仲介するものと位置づけられている点に注意されたい。すなわち、心理学での心の研究とは、刺激と行動の媒介過程としての心の機能について明らかにすることなのである。

★ 数　量　化

　心理学の目的は刺激と行動との関係の究明である。しかし刺激と行動との間に関係があることをただ示せばそれでよいというのではない。両者の量的な関係を明らかにする必要があるのだ。

　量的な関係は**関数関係**ともよばれる。yはxの関数として変化する、という場合のxとyの関係のことである。

　xを刺激、yを行動とすれば、この「yはxの関数として変化する」というおなじみのいい方は、「行動は刺激の関数として変化する」といいかえられる。もう少し言葉を足せば、「行動の強さは刺激の強さの関数として変化する」ということになる。つまり、心理学とは、刺激がどれだけ変化すれば、行動もどれだけ変化するかを解明する学問なのである。たとえば、赤絵の具に白絵の具を混ぜるとピンク色になるが、単に赤と白を混ぜたらピンクに見えるということを明らかにす

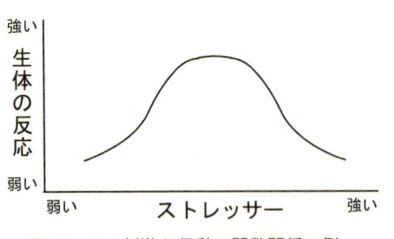

図14-2　刺激と行動の関数関係の例。ストレッサーの強さと生体の反応の強さ（生理的指標の値）との関係（上村と中野[2]を改変）

るだけでなく、白をどのくらい混ぜればどのくらい赤みが薄く感じられるようになるかを調べてゆくのが、色の心理学的研究のひとつのやり方ということになる。

　この関数関係というものは、数式で書き表すことができるとともに、図14-2のように、グラフという、目で見て直観的にわかりやすい形で示すこともできる。心理学の本では、結果がグラフで示されていることが多いのはこのためである。

　さて、刺激と行動との関数関係・量的関係を明らかにするためには、行動の強さを測定することが必要である。そして測定、すなわち何かを測るということは、その強さ・大きさを数字で表すということである。この作業は**数量化**とよばれる。

　心の成長が遅れることを発達遅滞というが、この場合、単に「同じ年頃の子どもと比べて発達が遅れている、以上」で済ますのではなく、発達が遅れているといっても具体的にはどれくらいの遅れなのか、発達が何歳ぐらいの段階にとどまっているのかということを明らかにしなければならない。そうでなければ、その子にどういう教育をしてゆくのが適切かという方針が立てられず、科学的でないばかりか、実際の役にも立たない。この場合、たとえば発達検査を行って、その子どもの能力や心の成長の程度を量的に測定するということが求められる。何歳くらいの水準に相当するのかということが把握できれば、どこを重点的に教えればよいのか、どういうことならできて、どういうことができにくいのか、それを改善させるにはどうすればよいのかというプランが立てられるようになる。

　数字というものは主観的なものではなく、人間を離れて存在するものであり、いわば自然界でもっとも客観的な存在である。数字で表現することによって、対象を客観的に取り扱えるようになり、結果の相互比較も可能となる。

　心が外に現れたものとしての行動を測定し、その大きさを数字で表現するというやり方以外にも、行動に関するデータを収集する方法はありうる。人間の行動には数量化が困難な、あるいは数量化に適さない部分も多く存在する。し

たがって行動の数量化をともなわない心へのアプローチ法が必要とされる場合もある。いわゆる**質的研究法**であり、たとえば文化心理学の領域では、フィールドワークによる観察が主要な研究法のひとつとして用いられており、また発達心理学などの領域でも、日誌法等による観察が大きな成果を上げている。しかし現段階では、心理学の多くの領域で、行動の数量化に基づくアプローチ法は実り多いものと考えられている。究極的にベストなやり方かどうかはわかっていないけれども、他のやり方・考え方と比較して、少なくともベターなやり方のひとつであると信じられている。

★ 実験法と調査法

　刺激と行動との関数関係に基づいて、両者を媒介する過程である心について研究するのが心理学である。そのため、心理学の研究はまず行動のデータを集めるところから始まる。

　人間の行動について調べる場合、まず自然な状況で他者の行動を観察するというやり方が考えられる。しかしこれは、簡単なようにみえて、実際やってみるとじつは結構難しいのである。

　まず、相手は観察者であるこちらの都合にお構いなく振る舞うので、こちらが調べたいと思っている行動をしてくれるとは限らないという問題がある。つまりこちらの望むときに、調べたい行動を調べるということは容易ではない。また、いつその行動が生じるのか予測しづらいため、いざその行動が生じた場合に十分な観察ができないでしまうということもあるだろう。他の研究者が自分とは別に行った観察によって、自分が行った観察の正しさが保証されるということも期待しにくい。このように、星の観察やアサガオの観察とは違い、人間の場合には、自然な状況下で同じ条件で同じ観察を繰り返すことが困難なのである。また自然な状況での観察では、刺激の条件がさまざまに変化した場合に行動がどのように変化するかという、刺激と行動との関数関係を求めるのに必要な情報を十分に収集しにくいという問題もある。

観察の持つこれらの短所を補うものとして、実験という研究手段が取り入れられるようになった。実験の場合、観察と違って研究者が状況に積極的に手を入れる。これは条件を整え、調べたい行動を効率よく調べるためである。
　通常、われわれの行動はわれわれを取り巻く多くの刺激によって複雑な影響を受けている。これをこのままの形で調べることは、どうみても大変である。そこで思い切って、その行動にもっとも強く影響を与えている刺激の効果に絞って検討を行うことが考えられた。すなわち、行動を本質的に規定するものとしてピックアップされた刺激を計画的に変化させて、それによって行動がどのように影響されるかを詳しく調べるのである。これが心理学における実験の考え方である。そしてそれは物理学や化学など、生体でなく物質を研究対象とする自然科学におけるものと基本的に変わらない。実験法は知覚や学習、記憶といった比較的基礎的と考えられる過程の研究だけでなく、人間関係や感情などの複雑な過程の解明にも用いられている。
　心を研究する方法としての実験は、一見すると違和感を感じさせるかもしれない。その理由のひとつは、人工的な事態の下での実験において扱われる行動は、自然な事態での日常的行動とは別物ではないかという疑問であろう。しかし牧野[1]が指摘するように、両者の違いは、行動を規定する刺激の数の違いに帰せられる。当初除外された刺激を順次加えることにより、実験で扱われる行動を、日常場面での行動に近づけてゆくことも可能なのである。
　実験法は、いわば理想的な条件を作り出して行動を調べようとするが、どのような場合にも最適な方法かというとそうではない。たとえば恋愛に対する願望や職場での人間関係に関する意識などは、実験的に効率よくとらえられる行動の中には反映されにくい可能性がある。このような個人の内面を、アンケート調査のように、質問文に対して回答するという行動を通して調べようとするのが、**調査法**とよばれる一連のテクニックの代表である**質問紙法**である。
　たとえば、「多少値段が高くてもクオリティの高い服を買う」という質問に対するあてはまりの程度を、「非常によくあてはまる」、「大体あてはまる」、「あまりあてはまらない」、「まったくあてはまらない」の四つの中から選んで

答えさせたとする。この場合、あらかじめこれら四つの選択肢に、順に4点、3点、2点、1点という点数を割り振っておけば、「あまりあてはまらない」と回答した人の得点は3点と採点される。回答結果を行動の結果とみなしているので、この3点というのが、衣服においては値段よりも品質が重要というこの人の意識の強さであると考えるのである。もちろんたった1個の回答から結論を引き出すのは無理なので、ファッションに対するこだわりを調べたい場合には、それに関する質問文を多数並べた質問紙を使って調査を行う必要がある。

この質問紙法によって、人間の意識に関する情報を広くかつ効率的に収集することが可能である。質問紙法は、調査対象者が質問文の意味が理解できるならば実施可能であるため、適用範囲が広く、心理学全般においてよく用いられる技法である。

────────── ✎ ふりかえり ──────────

心理学では、外界から直接観察できない心の問題について頭で考えるのではなく、客観的に観察可能な（ A ）に関するデータを収集し、それに基づいて心を考察しようとする学問である。このような研究方法は（ B ）とよばれ、物事を科学的に研究する際にとられるやり方である。心理学においては、データは（ C ）や（ D ）、あるいは（ E ）などの作業を通じて得られる。

心理学の主要な目的は、刺激と行動との（ F ）の究明である。心はこれら二者の媒介過程と位置づけられる。行動の大きさを測定するためには、行動の（ G ）の作業が必要となる。もっとも、心理学の分野によっては、（ H ）とよばれる、行動の（ G ）をともなわない手法が主要な研究法となっている場合もある。

────────── 📖 参考文献 ──────────

1. 牧野達郎（1973）．実験の計画　続　有恒・八木　冕（監）　大山　正（編）　心理学研

ふりかえりの解答（C，D，Eは順不同）
A：行動　B：実証的アプローチ　C：実験　D：観察　E：調査（質問紙でも可）
F：関数関係　G：数量化　H：質的研究法

究法2　実験I　東京大学出版会　pp.1-38.
2．上村尚人・中野重行（2005）．薬理学的研究　河野友信・石川俊男（編）　ストレスの事典　朝倉書店　pp.128-129.

やってみよう：身のまわりの操作的定義探し

　行動の測定の例として、運動能力を測定する場合を考えてみよう。さてどうやったらよいだろうか。
　こういう質問をすると、「簡単だ。脚の速さを測ればいい」、「いや、腕立て伏せの回数を数えればいい」などと、たちどころに回答が得られるだろう。でもちょっと待って欲しい。これらは質問に対する適切な答えといえるだろうか。
　測定するということは、その対象の大きさ・強さを数字で表すことだから、脚の速さを測ることも、腕立て伏せの回数を数えることも、その点では合格である。しかし、これらのやり方は、運動能力全体からすれば、ごく一部の能力を測っているにすぎない。さらに、一口に脚の速さを測るといっても、短距離走なのか長距離走なのか不明だし、短距離走だとしても何メートル走らせればよいのか明らかでない。また腕立て伏せの場合も、肘を外側に開くようにして腕を曲げるのか、肘を体にくっつけたまま曲げるのか、またどれくらいの時間行った場合の結果なのかなど、これだけではまったくわからない。
　これらは、「運動能力」を、具体的に測定されるべき行動との関係で明確に定義していなかったために生じた問題である。測定を行う場合、あらかじめ測定しようとするものを測定できる形にきちんと定義しておく必要がある。そのような定義を**操作的定義**という。
　上の例だと、「運動能力」は、たとえば、「100m走るのにかかる時間」、「200m走るのにかかる時間」、「肘を体にくっつけたままで1分間に行った腕立て伏せの回数」などと定義できる。操作的定義は測定するための定義なので、測定できる形でさえあればいかようにでも定義できる。ただし、研究しようとする心の問題と関連性の乏しい行動が測定できるように定義しても、測定自体に意味がないのはもちろんである。したがって実際に行動の操作的定義を行う場合には、研究しようとする心の問題の本質と深く関係すると考えられる行動を測定できる形に定義することが重要である。
　行動の定義以外にも、われわれの身のまわりには操作的定義、あるいはそれに類する事物の定義が多く見いだせる。たとえば曇りの定義。これも気象庁によりきっ

ちり定義されている。曰く、「雲量が9以上であって、中・下層の雲が上層の雲より多く、降水現象がない状態」。したがって雲が空の8割を覆っている状態は曇りではなく、なんと晴れなのである。なぜならそのように定義されているからだ（雲の量は目で見て判断するという）。

　桜の開花日もまた操作的にきっちりと定義されている。つまり、その地方の特定の桜の木に、特定の数の花が咲いた日が、その地方の桜開花日とされる。たとえば東京の場合、千代田区・九段坂上の靖国神社内の標準木とよばれる3本のソメイヨシノの木のうち2本に5、6輪以上の花が咲いた日が、その年の正式な開花日となるのである。大阪ではこの標準木は、大阪城西の丸庭園にある2本のソメイヨシノである。

　これらの定義には、正直かなり強引な感じを受ける人も多いだろう。しかし、これらを類似する状態と明確に区別しておかなければ、混乱が生じるのもまた事実である。またこのようにできるだけ曖昧さを排除した概念の定義をしておくことにより、同じ定義に基づいて測定、あるいは決定されたもの同士の客観的な比較が可能となる。例年に比べて今年は桜の開花が早い、などと客観的に判断できるのも操作的定義のおかげである。

　身のまわりにある操作的定義の例を探してみよう。なるべく種類の異なるもの3個を目標にトライしてみて欲しい。

あ と が き

　大学の各コースで志望者の定員割れが懸念される昨今、幸いにも心理学のコースは人気があるようです。しかしながら、心理学の授業と聞いて目を輝かせる学生さんの中には誤解している方も少なくありません。確かに心理学は面白い学問だと思うのですが、そうした「本当の」面白さは、一旦、誤解に基づく期待をといた後で（場合によってはがっかりしてもらった後に）、わかってくるものだと思います。本書を作成するにあたってはわかりやすさを重視しましたが、同時に誤解に基づく期待をといてもらえるよう、学問としての心理学の匂いが漂うよう努めたつもりです。書店にはいろいろな本が並んでいますが、やさしい心理学の本はこれで卒業していただき、「本当に」面白い心理学の本を見極め、手にとるようになっていただければ幸いです。

2007年2月

編　　者

●●● 索　引 ●●●

あ行

愛着（アタッチメント）　67, 75
アイデンティティ（自己同一性）　81
アイデンティティ拡散　82
アスペルガー症候群　77
言い換え　103
生きがい　92
意思決定　22
いじめ　85
維持リハーサル　40
一面呈示　111
遺伝　56
意味記憶　38
陰影　12
内集団　102
運動残効　13
運動視差　12
衛生要因　123
エクスポージャー法　34
エピソード記憶　38
MMPI（ミネソタ多面人格目録）　69
演繹的推論　19
応諾獲得方略　112
応諾先取り法　112
大きさ　12
オペラント条件づけ　30

か行

外向性　65
回避行動　33
開放性　65
カウンセリング　103
学習障害　76
学習性無力感　48
確証バイアス　20
仮現運動　13

重なり　12
可能自己　100
カプグラ症候群　14
下方比較　102
構え　19
環境　57
観察　127
関数関係　128
桿体　11
記憶手がかり説　21
気質　66
機能　46
機能的固着　19
記銘　39
客体的自覚状態　103
協調性　65
恐怖症　32
極性化　24
筋弛緩法　33
クライエント　103
系統的脱感作法　33
結果の一般性　127
結果の再現性　127
結晶性知能　56
原因帰属　48
言語性知能　56
言語的コミュニケーション　108
高機能自閉症　77
公式集団　118
向社会的行動　76
行動　127
広汎性発達障害　76
幸福な老い　91
コーシャスシフト　24
刻印づけ　27
古典的条件づけ　29

136

孤独感　92
コントロール欲求　49

さ　行

自我　99
刺激　127
自己　99
自己概念　68, 99
自己確証過程　68
自己実現　103
自己中心性　74
視線　73
自尊感情　101
自尊心　101, 119
実験　127
実証的アプローチ　126
質的研究法　130
質問紙法　131
実用的推論スキーマ説　22
視点取得　74
自発的微笑　74
自閉症　77
社会的アイデンティティ　119
社会的参照　73
社会的自己　100
社会的微笑　75
集合　118
集団　118
集団規範　122
集団凝集性　119
主観的幸福感　91
主観的輪郭　12
主題材料効果　21
条件刺激　30
条件推論　19
条件づけ　29
条件反応　29
譲歩の要請法　112
初期学習　27
神経症傾向　65

水晶体　11
錐体　11
数量化　129
ストレンジシチュエーション　76
性格　64
誠実性　65
精神的自己　100
精神分析学　126
精緻化リハーサル　40
青年期　80
生の強化子　31
生理的反応　45
セクシュアリティ　94
セラピスト　103
宣言的記憶　38
想起　39
早期完了　82
喪失体験　90
相貌失認　14
ソシオメーター仮説　103
組織　122
外集団　102

た　行

大気遠近法　12
体験　45
対処可能性　47
対人葛藤　123
第二次性徴　80
段階的要請法　112
短期記憶　37
知能検査　55
チャンク　37
注意欠陥／多動性障害（ADHD）　76
長期記憶　38
調査法　131
データ　126
手続的記憶　38
同一性地位　83
動機づけ要因　123

道具的条件づけ　30
動作性知能　56
闘争／逃走の準備　47
特性　64
特性論　64

な　行

内的ワーキングモデル　67
二重貯蔵モデル　37
認知科学　10
ノンバーバルコミュニケーション　108

は　行

励まし　104
発達課題　81
反射　104
非公式集団　118
ビックファイブ　65
表出　45
敏感期　27
フィールドワーク　130
物質的自己　100
負の強化子　31
フレーミング効果　23
分離不安　75
並列的処理　10
傍観者　85
忘却　40
保持　39
母子相互作用　75
補色残像　12

ま　行

未来予期　48
無条件刺激　29
無条件反応　29
網膜　11
モラール　122
モラトリアム　82
問題解決　17

や　行

友人関係　84
養育態度　67

ら　行

楽観性　48
リアクタンス　113
利己的帰属　101
リスキーシフト　24
リハーサル　40
流動性知能　56
両眼視差　12
両面呈示　111
臨界期　27
類型　64
類型論　64
ロールシャッハ・テスト　69

編著者紹介

今在　慶一朗（いまざい　けいいちろう）

昭和45年　東京生まれ
平成7年　東北大学文学部卒業
平成12年　東北大学大学院文学研究科博士課程後期単位取得退学
平成15年　北海道教育大学函館校准教授（現職）

博士（文学）専門領域：社会心理学

30分で学ぶ心理学の基礎

2007年4月10日　初版第1刷発行
2012年4月1日　初版第6刷発行

編著者　今　在　慶一朗
発行者　木　村　哲　也

・定価はカバーに表示　　印刷　恵友社／製本　川島製本

発行所　株式会社　北樹出版
〒153-0061　東京都目黒区中目黒1-2-6
電話(03)3715-1525(代表)　FAX(03)5720-1488

ⒸKeiichiro Imazai 2007, Printed in Japan　ISBN 978-4-7793-0096-7
（落丁・乱丁の場合はお取り替えします）

社会心理学
ニューセンチュリー・シリーズ

21世紀を迎え、社会心理学の新しい展開を目指し、最近の研究動向を踏まえたうえで、現代の社会心理学の広範囲にわたる状況を的確に把握し解明する。

図や表、または写真などを多数利用して、時代の流れに即しつつ、アカデミックな分析視点から21世紀を眺望する斬新なシリーズと注目される。学生のテキスト、一般読者層を念頭に置いて、読み易い表現と分りやすい内容のものとなることを意図とする。

船津 衛・安藤 清志 編著
自我・自己の社会心理学
シリーズ 第1巻

種々の問題が生じている現代人の自我・自己のあり方を多角的に研究・考察して、人間のさまざまな社会的行為・行動の理解に有効な見方を把握させ、多様性に富んださらなる展開を意欲的に試みた注目書。

A5上製 154頁 1800円 (863-1) [2002]

田中 淳・土屋淳二 編著
集合行動の社会心理学
シリーズ 第2巻

集合行動研究の全体像を俯瞰して、その源流から最新の動向まで網羅し、現代における意義を多角的に広く捉えた包括的な論究として新たな息吹きを提示する。未だ類書のない総合的テキストと注目される。

A5上製 198頁 2300円 (870-4) [2003]

大島 尚・北村英哉 編著
認知の社会心理学
シリーズ 第3巻

高度な内容を含みつつ、単なる研究分野の紹介ではなく、研究の魅力・面白さが自然に伝わるよう興味深い切り口から追究し、初学者が最先端研究の知的刺激に触れ、理解できるよう分かりやすく解明する。

A5上製 186頁 2300円 (937-8) [2004]

片瀬一男・高橋征仁・菅原真枝 著
道徳意識の社会心理学
シリーズ 第4巻

道徳とは何か。発展心理学を認識論的に基礎づけたコールバーグの道徳的発達理論がさまざまな知的交流のなかから彫琢されてきた経過をあとづけることを中心に、道徳意識の発達過程を平易に解明する。

A5上製 142頁 1800円 (853-4) [2002]

伊藤 勇・徳川直人 編著
相互行為の社会心理学
シリーズ 第5巻

社会的世界の探究を相互行為を切り口として進めようとする、シンボリック相互作用論、ゴフマン理論、エスノメソドロジー、会話分析、構築主義等多彩な諸潮流の基本的視覚と方法、具体的成果を紹介、解説する。

A5上製 204頁 2300円 (871-2) [2002]

辻 正二・船津 衛 編著
エイジングの社会心理学
シリーズ 第6巻

従来の高齢者についてのマイナス・イメージを越え、プラスの側面を多角的・綿密な調査資料に基づき具体的に論究し、急速度の高齢化の現象を踏まえてエイジングの観点からその社会心理を鮮明に解明する。

A5上製 152頁 1800円 (917-4) [2003]

冨田正利　編著
人を育てる心理学
多岐にわたる研究分野をもつ現代心理学を、「人を育てる」という視点でまとめた概論書。堅苦しい通常の形式をとらず、広い視野で心理学を学ぶうちに、おのずと人の育っていく過程を理解できるよう構成。
A5上製　236頁　2400円（622-1）　[1997]

伊藤哲司　著
常識を疑ってみる心理学 [改訂版]
——「世界」を変える知の冒険——
IQ、占い、宗教、偏見、マスコミ情報等、日頃馴染み深い題材をもとに、情報、社会、国際化、科学、心理学に関する常識を心理学の知識を活かしながら解体する。多面的なモノの見方、柔軟な思考を培う好著。
A5上製　206頁　2300円（989-1）　[2005]

益谷眞・中村真　著
心と行動のサイエンス
主体的に考えるためのワーク143
心理学の学問的枠組み、性質を明示した上で、興味を持ちやすい身近な問題をテーマに基礎的知識を平易に解説。また豊富な資料や問題により、自分の力で研究、考察する力が養える、心理学・行動科学の入門書。
B5並製　214頁　2400円（738-4）　[1999]

鈴木敏昭　著
自己意識心理学概説
「自分という意識」＝心とは何か。「他者」とは何か。「自分」＝「自己」という現象についての心理学の諸学説をまとめ、統合的な「自己」の心理学を構築するための見取図とする。私という視点の再検討。
A5上製　336頁　4700円（968-9）　[2004]

遠藤健治　著
Excelで学ぶ教育・心理統計法
データの集計、検定に十二分に活用しがいのあるMS-Excelでのデータ処理の操作手順を示しながら統計的手法を解説する。数字によって説得される人から説得する人になるために数値恐怖症の方々に贈る。
A5上製　160頁　1500円（656-6）　[1998]

梅岡義貴・田所作太郎　編著
行動科学入門
〈大学教養選書〉
現代の社会が当面している多様な状況の下に人々の生活を支えている諸条件を総合的・多角的に究明することを目指す行動科学への入門書として遺伝と環境、精神障害など数多くのテーマをまとめ上げる。
A5上製　208頁　2100円（420-2）　[1984]

鈴木康明・飯田緑　編著
はじめて学ぶ心理学
初学者にも親しみやすく、興味を惹起するよう、図版を多く掲載しながら、心理学の各分野の基礎的な知識をわかりやすく丁寧に解説する。学ぶ力を培うことのできる、ハンディでバランスのとれた概説書。
A5上製　178頁　2100円（0064-9）　[2006]

大谷真弓・安立奈歩　著
授業で使える心理学ワークブック
自分のものの見方を位置づけ、想像力や共感能力を高めるという趣旨の、教養の心理学を学ぶための実践型基本書。口語調でわかりやすく、視覚的に楽しめ、穴埋め課題で自主的な作業もできることが特徴。
B5並製　126頁　1500円（0061-4）　[2006]

金政祐司・石盛真徳　編著
わたしから社会へ広がる心理学
第Ⅰ部で自己及び親密な人との関係を、第Ⅱ・Ⅲ部では視野を徐々に広げ、集団、社会、文化における人々との関わりを論考。社会心理学の最新研究を盛り込みつつ、興味深いトピックを基に分かり易く説述。
A5並製　240頁　2400円（0070-3）　[2006]

田中富士夫　編著
臨床心理学概説 [新版]

理論的基盤の多元化、技法の多様化に加え、その活動領域の範囲が著しく拡大されてきた今日の臨床心理学の現状を俯瞰できるような基礎的テキストたることをめざした最新版。巻末に用語解説をも付す。
A5上製　261頁　2500円 (551-9)　[1996]

森谷寛之・竹松志乃　編著
はじめての臨床心理学

臨床心理学の基本的知識を分かり易く丁寧に解説した入門書。臨床心理学の定義、歴史などの概説から、心理検査法や療法といった実務面の説明に至るまで、豊富な図表と具体的事例にもとづき平易に叙述。
A5上製　240頁　2500円 (550-0)　[1996]

村尾泰弘・高田知恵子　著
ストレスとトラウマからの回復
　精神保健の新しい展開

児童虐待・ドメスティックバイオレンス・凶悪な犯罪等現代人は子どもから大人まで強いストレス下に置かれている。本書はそのもたらす精神障害に対し、様々な援助・対応を中心に、こころの健康を考える。
A5上製　208頁　2200円 (976-X)　[2004]

小谷英文　編著
ガイダンスとカウンセリング
　指導から自己実現への共同作業へ

学校教育や企業人事の場において急速に高まる指導とカウンセリングのニーズに応え、体系的な理論性と実践につながる技法とを噛み合わせた本格的なテキスト。形成されつつあるものとして独自の論を展開。
A5上製　223頁　2500円 (293-5)　[1993]

伊藤亜矢子　編著
学校臨床心理学 (仮題)
　―学校という場を生かした支援―

スクールカウンセラー、特別支援コーディネーター等は学校でどのような支援や工夫が可能なのか。校内心理職をどう活用すれば良いのか。実践に結びつく基本的な知識を概説すると共に現場における具体実践例を紹介。
A5並製　近刊　[2006]

今井むつみ・野島久雄　著
人が学ぶということ
　認知学習論からの視点

学びの科学の最先端を探る！　よりよい学びとは何か、よりよい学びを支える教育とはどういうものかという根本的問題に対して認知科学の立場から応え、多角的視野から検討し、まとめあげた好テキスト。
A5上製　248頁　2600円 (904-2)　[2003]

鎌倉女子大学子ども心理学科　編
子ども心理学入門

子どもの心の問題や問題行動が深刻になりつつある現代に子どもを理解し、援助するために広い視野から改めて総合的に「子ども」を問いなおす。時代の要請によって成立した子ども心理学の入門テキスト。
A5上製　208頁　2400円 (969-7)　[2004]

伊藤美奈子　著
思春期の心さがしと学びの現場
　スクールカウンセラーの実践を通して

混迷している現代教育問題を教員・研究者・スクールカウンセラーと様々な立場から関わり続けてきた著者ならではの柔軟でバランスのとれた視点から捉え、開かれた連携、新たな教育の展望を具体的に示した好著。
四六上製　148頁　1600円 (778-3)　[2000]

若島孔文・都築誉史・松井博史　編著
心理学実験マニュアル
　SPSSの使い方からレポートへの記述まで

卒論や臨床心理士になるために必要な心理学実験に対し、SPSS等基本的統計ソフトを中心に入力方法から解説する初心者向けマニュアル。レポート提出の際の記述方法から留意事項までに目を配らせる必携の書。
A5並製　142頁　1600円 (0001-0)　[2005]